MADRID
en su mano

Para Iri, como recuerdo de España, de esta familia madrileña que desea conocerte, y que vengas a ver nuestra ciudad. Con mucho cariño, hasta pronto

Xavi

Nuria

Emilio

editorial en su mano

31/MAYO/90

1.ª Edición Noviembre 1984
© Editorial En Su Mano
Distribuidor Disgran
C/ Santa Teresa, 23-Tel. 26 69 56
18002-Granada.
Texto: José del Corral
Asesores Técnicos: Pablo M. Valdés,
José Maria F. Gaytán
Fotografias: M. Corral, cedidas
por la Secretaria de Estado de Turismo
Diseño Gráfico: Florencio Garcia
Cartografia: Ed Almax
Encuadernación: Perellón
Impresión: Egraf, S.A.
Poligono Industrial de Vallecas
C/G, s/n. 28031 Madrid.
Papel: Granada mate 160 grs.
de Pamesa
ISBN.: 84-86320-05-4.
Depósito Legal: M-40109-1984.
Printed in Spain.

Donde vino a vivir la primavera...

Porque la Primavera, como el paisaje, no es más que un estado del alma. De Lope de Vega son los versos: «De suerte que a Madrid dirá [cualquiera que se vino a vivir la [Primavera».
Y de Calderón de la Barca: «En Madrid, patria de todos, / pues en su mundo pequeño / son hijos de igual cariño / naturales y extranjeros»... Ya hay libros sobre elogios a Madrid, y crecerán cada día estos elogios, y nunca se podrá encerrar en unas palabras lo que son la ciudad, y su historia, y su leyenda, y su presencia. Pero, sobre todo ello, dicho o a punto de decir, queda vivo y difícilmente transmisible ese indefinible encanto que posee la ciudad. Madrid es un aire y un estilo; algo que no se podrá encontrar en unas fotografías, pero que en cierto modo estará ahí, y para quien vea Madrid, esos grabados se enriquecerán y se completarán con el inefable recuerdo.

Preguntad... Y el gustador de Madrid fijará de manera distintas sus preferencias. Hay un Madrid de las grandes vías —Gran Vía se llama una—, de la calle de Alcalá, y de la Castellana, y del Salón del Prado —¿habrá una gala mayor que la de llamar *salón* a un lugar destinado a pasear en coche o a pie?—; hay un Madrid de sobrecogedora belleza y de relieve señorial y culto y recoleto, ese del Museo del Prado, de los Jerónimos o de la Academia, que roza el Retiro, con sus cisnes unánimes en las aguas «que no desembocan", con las fuentes y las estatuas de lenguas tan diferentes; un Madrid del precipitado Viaducto, del Campo del Moro, absorto, al pie de un Palacio claro como una mágica cristalización, del Parque del Oeste, que se enciende de rosas y que mira con ojos de Velázquez hacia la sierra azul o nevada; un Madrid de la miguelangelesca Plaza Mayor, o del teatro Real y la Plaza de Oriente —esos caballos que hacen volar al bronce—; un Madrid del río Manzanares, con la Puente Segoviana y los Santos Antonios, y la lágrima romántica de las Sacramentales; un Madrid cosmopolita y altísimo, y otro que se acoda en lo medieval, o en lo barroco, o en lo renacentista, y un Madrid de las Musas y de los ingenios, y otro de las gradas y los mentideros, y un Madrid que sueña con su extremado Goya, o que inventa las gentes incopiables del Rastro, o que ahíla el tiempo y el viento por sus bellísimas puertas que no se abren más que para acoger al viajero, para que pueda entrar por todas ellas, sin llamar y sin forzarlas.

Preguntad, y cada madrileño y cada extranjero —¡qué disparate!, si ya será madrileño en cuanto pise Madrid— os dará una versión distinta, y hará un gesto con sus dedos para querer explicarlo, para intentar apresarlo. Madrid tiene un cinturón de lugares extraordinarios, que parece que lo descifran y lo completan, y siempre se vuelve con ganas a Madrid, aunque parezca castillo —famoso— de irás y no volverás. Noria, le llamó el propio Lope, «donde unos andan alrededor de otros». Por eso no hay nada mejor que perderse en Madrid, enredarse y desenredarse en él, beber sus vinos y descubrir sus manjares, y mirar al cielo, de cuando en cuando, para luego tener desde allí «un agujerito para verlo», y bajar los ojos por sus espadañas y por sus veletas, y por sus tejados y por sus buhardillas, con el tiesto de albahaca y el pasadizo galdosiano.

A José del Corral le hemos oído muchas veces hablar de Madrid, contar y cantar Madriles, andándose las calles y las plazas, seguido de gentes ávidas de saber por qué sabe a lo que sabe Madrid; le hemos visto echando pie a tierra como un alguacil caballero para hacer más íntima su faena verbal, para avecindarnos más estrechamente con su fiel vecindad. Este libro, de su mano, tiene algo de heraldo, de timbal, de pregón que se fija en las paredes de una esquina o en el aire de una calle de la que a lo mejor ya no nos vamos a olvidar nunca.

José GARCIA NIETO
De la Real Academia Española

Madrid monumental

1. Plaza Mayor. **2**. Ministerio de Asuntos Exteriores. **3**. Arco de Cuchilleros. **4**. Plaza de la Villa. Casa de Cisneros, Ayuntamiento, Torre de los Lujanes. **5**. Iglesia de San Pedro. **6**. Catedral de San Isidro. **7**. Monumento a Eloy Gonzalo. **8**. Mercado de la Cebada. **9**. La Fuentecilla. **10**. Iglesia de la Paloma. **11**. Puerta de Toledo. **12**. Iglesia de San Francisco el Grande. **13**. Iglesia de San Andrés. Capilla de San Isidro. **14**. Viaducto. **15**. Iglesia de la Almudena. **16**. Catedral de la Almudena. **17**. Iglesia de San Nicolás. **18**. Iglesia de Santiago. **19**. Teatro Real. **20**. Palacio Real. **21**. Convento de la Encarnación. **22**. Senado. **23**. Estación del Norte. **24**. Puente de Segovia. **25**. Ermita de San Antonio. **26**. Puerta del Sol. **27**. Iglesia de San Ginés. **28**. Convento de las Descalzas Reales. **29**. Iglesia del Carmen. **30**. Ministerio de Hacienda. **31**. Escuela de Bellas Artes de San Fernando. **32**. Iglesia de las Calatravas. **33**. Edificio «Metrópolis». **34**. Iglesia de San José. **35**. Banco de España. **36**. Congreso de los Diputados. **37**. Cámara de Comercio. **38**. Edificios en la calle de la Magdalena. **39**. Real Academia de la Historia. **40**. Convento e Iglesia de las Trinitarias. **41**. Fuente de Neptuno. **42**. Museo del Prado. **43**. Hospital de San Carlos. **44**. Estación de Atocha. **45**. Ministerio de Agricultura. **46**. Museo Etnológico. **47**. Observatorio Astronómico. **48**. Jardín Botánico. **49**. Retiro. Estatua del Angel Caído. **50**. Retiro. Palacio de Cristal. **51**. Retiro. Palacio de Velázquez. **52**. Retiro. Estanque. Monumento a Alfonso XII. **53**. Palacio de Comunicaciones. **54**. Fuente de Cibeles. **55**. La Bolsa. **56**. Real Academia de la Lengua. **57**. Museo del Ejército. **58**. Casón del Buen Retiro. **59**. Iglesia de los Jerónimos. **60**. Puerta de Alcalá. **61**. Iglesia de San Manuel y San Benito. **62**. Jardines del Descubrimiento. **63**. Monumento a Colón. **64**. Biblioteca Nacional y Museo Arqueológico. **65**. Palacio de Justicia e Iglesia de Santa Bárbara. **66**. Casa de las Siete Chimeneas. **67**. Convento de San Antón. **68**. Oratorio del Caballero de Gracia. **69**. Edificio de la Telefónica. **70**. Museo Municipal. **71**. Arco del 2 de Mayo. **72**. Iglesia de San Plácido. **73**. Iglesia Parroquial de San Martín. **74**. Convento de las Mercaderías. **75**. Palacio de la Prensa. **76**. Edificio «Callao». **77**. Cuartel del Conde Duque. **78**. Edificio España. **79**. Torre de Madrid. **80**. Plaza de España. Monumento a Cervantes. **81**. Templo de Debod.

Indice

Prólogo — p. 3
Madrid monumental — p. 4
Sobre la cocina madrileña — p. 96
Direcciones y teléfonos útiles — p. 97
Plano de Madrid — p. 104

Madrid Capital

Las puertas de Madrid — p. 8
El Madrid Antiguo — p. 12
El Palacio Real, Catedral de la Almudena, Teatro Real — p. 26
La Ribera del Manzanares — p. 30
El Centro — p. 34
Museo del Prado — p. 42
El Retiro y el Jardín Botánico — p. 46
Otros edificios y lugares de interés — p. 52
Museos madrileños — p. 60
Madrid moderno — p. 68
El Rastro — p. 74
Casa de Campo, Zoo y Parque de Atracciones — p. 76

La provincia y alrededores

El Pardo — p. 78
Alcalá de Henares — p. 80
Aranjuez — p. 82
Chinchón — p. 84
La Sierra de Guadarrama, Navacerrada, El Escorial, Valle de los Caídos — p. 86
Excursiones
La Sierra de Guadarrama y Segovia — p. 90
Toledo — p. 92
Guadalajara y alrededores de Madrid — p. 94

Las puertas de Madrid

Recuerdo de sus tiempos de ciudad cercada, Madrid conserva todavía viejas puertas que fueron entonces accesos a la Villa y que hoy, con su severa belleza, se han convertido en arcos de triunfo que adornan algunas de sus calles. Pero esas puertas que se conservan son sin embargo modernas y tiene poco más de doscientos años la que alcanzó mayor antigüedad, las otras, las auténticas puertas medievales de un recinto fortificado y amurallado, fortaleza árabe contra los continuos empujes de la reconquista cristiana, o aquellas otras que, ya Villa reconquistada, hicieron en sus recintos sus nuevos señores, desaparecieron; nada queda de ellas y solo el nombre de algunas permanece, único recuerdo, sobre el callejero madrileño. Así, quedan los nombres de Puerta del Sol, Puerta Cerrada, y aun para libros antiguos, el de Puerta de Guadalajara.

Las que aún permanecen con toda su integridad fueron parte de una tapia, sin valor militar, no muralla de ciudad fortificada, que se levantó en tiempos del rey Felipe IV, en los comienzos del siglo XVII, y que incluía en su perímetro todo lo que hoy es oficialmente el centro de Madrid. Aquellas tapias, de las que todavía puede verse algún resto cerrando el Parque del Retiro por la calle de Menéndez y Pelayo, no tenían otra función que las de poder fiscalizar las entradas y salidas de Madrid, a fin de que en ellas se pagara impuesto por los géneros y víveres que a Madrid llegaban. Su intención y destino era pues meramente fiscal, de cobro de un impuesto, sin ninguna intención ni valor militar. Pese a ello el pueblo de Madrid intentó que fueran defensa de la Villa cuando, en los comienzos del siglo XIX, las tropas de Napoleón, con él mismo a la cabeza, pusieron cerco a la Corte, aunque la pobre defensa que tales tapias de mampostería y

ladrillo, no alcanzara gran valor frente a las tropas del más poderoso ejército de su época.

Fue en aquellas tapias, donde los encargados del registro percibían los derechos correspondientes, en las que, en el siglo XVIII, reinando Carlos III, se construyeron bellas puertas de acceso que adornaron y enriquecieron casi todo su perímetro. De ellas sólo queda la que conocemos con el nombre de Puerta de Alcalá, indudablemente la de mayor valor artístico.

La Puerta de Alcalá, ya sin paso bajo sus cinco entradas, sigue adornando con sus delicadas líneas la calle de Alcalá. Fue obra de Sabatini, el arquitecto e ingeniero que Carlos III había traído de Nápoles, donde anteriormente había ocupado el trono antes de heredar, por la inesperada

↑ Puerta de Toledo.
← Detalle Puerta de Toledo.

↑ Puerta de Alcalá.
← ☐ Detalle Puerta de Alcalá.
← Vista nocturna.

muerte de su hermanastro, el de España. Columnas adosadas, capiteles inspirados en los Miguel Angel y esculturas de Roberto Michel y de Francisco Gutiérrez, adornan bellamente esta Puerta en la que el granito cárdeno de su construcción constrasta con la blancura de la piedra caliza de Colmenar en la que están esculpidos los adornos escultóricos. El año 1778 se acabó su construcción.

Pero conviene decir que si el impulso para la obra fue Real, el coste de la misma cargó sobre los madrileños, que esta obra se hizo con el producto de un impuesto sobre el vino que se vendía en la Villa y Corte. En consecuencia, podemos decir que fueron los que más bebían, los que más contribuyeron a la elevación de la Puerta de Alcalá, hoy ornato y gala de Madrid. Convertida en arco triunfal sobre la calle de Alcalá, al borde de los jardines que se trazaron para recreo del rey Felipe IV en el siglo XVII,

esta puerta, de las más bellas de Europa, es ya una estampa unida al alma y a la vida madrileñas.

Más moderna que su compañera, es la Puerta de Toledo, que corresponde a los comienzos del siglo XIX. Sus cimientos, al final de la calle del mismo nombre, se pusieron como obra dedicada a glorificar el efímero reinado español de José Bonaparte. La brevedad del reinado no dio tiempo ni siquiera a comenzar

la construcción y después de quedar detenida la obra por los azares de la guerra de la Independencia, se vino a terminar como Arco dedicado al rey Fernando VII, de triste memoria.

Obra más pesada y menos armoniosa que la Puerta de Alcalá, la de Toledo, abre hacia el río sus tres arcos que, perdida su primitiva misión, han venido a quedar como monumento ornamental en el centro de la plaza de su nombre, rematado por un grupo escultórico de Salvatierra.

Así como las dos puertas anteriores fueron efectivamente un día puertas de acceso a la Villa de Madrid, ésta, que hoy, en el centro de una plazoleta de la carretera de La Coruña, inmediata a Madrid, también lo parece, nada tiene que ver con la Villa y Corte, porque esta puerta se levantó, no para dar acceso a Madrid, que entonces quedaba lejano en su relativa pequeñez, sino para dar entrada al Real Sitio de El Pardo.

Francisco Moradillo fue el arquitecto que la realizó con adornos escultóricos de Olivieri y magnífica rejería de Francisco Barranco. Otra vez el granito y la piedra de Colmenar fueron los materiales empleados, esta vez ayudados por el hierro labrado y retorcido como un encaje.

A la entrada de la Ciudad Universitaria de Madrid se levanta una elegante puerta, que también debemos contar, pese a lo reciente de su historia, entre las puertas de Madrid. Se construyó en 1956, según proyecto del arquitecto López Otero, con relieves de Moisés de la Huerta, claves de Ortells y en el remate, la cuádriga en bronce de Minerva, obra del escultor Aguirre.

◥ Moncloa. Ministerio.
▶ Puerta de Hierro.
▶ Arco de la Moncloa.

El Madrid Antiguo

Madrid comenzó siendo una pequeña aldea situada allá, por la barranquera natural que forma, en su despeñarse sobre el río, la calle de Segovia. Amurallada la pequeña villa, añadida con las fortificaciones y castillos precisos para convertirla en una plaza fuerte, en tiempos del dominio árabe por el califa Muhamet V, alcanza su gran crecimiento cuando muchos años después, Felipe II hace de la Villa de Madrid la cabeza de su Imperio que abarcaba dos mundos. Desde esa fecha —1561— Madrid no cesará en su crecimiento hasta llegar a la enorme ciudad actual. Pero ya en el siglo XVII, reinando Felipe IV, cuando se construye la cerca que le apretaba y constreñía, para obligarle a entrar y salir de la Villa por determinadas partes, Madrid había alcanzado el perímetro que hoy abarca el Distrito de Centro. Este pues, debemos considerar como el antiguo Madrid:

desde los antiguos bulevares a la Puerta de Toledo, desde el Palacio Real al Retiro.

Se alzan en este conjunto, las más importantes de sus edificaciones históricas, aunque muchas, muchísimas, se hayan perdido.

En el corto espacio de que disponemos, nos limitaremos a reseñar los edificios y monumentos de mayor interés para el visitante de la Muy Noble, Muy Leal, Muy Heroica, Imperial y Coronada Villa y Corte de Madrid, Capital de España.

La *Plaza Mayor* esta dominada por la severidad escurialense de la Casa de Panadería, que se levantó en 1590 por el arquitecto Diego Sillero.

Fue después, en tiempos del rey Felipe III, cuando utilizando este edificio como principal del conjunto, se proyecto y realizó la totalidad de la Plaza Mayor, encargo que se hizo al célebre arquitecto Juan Gómez de Mora. Proyectó éste una plaza de corte clásico en la que las medidas resultan de especial interés, basadas en el «número áureo» —la raíz cuadrada de dos— para dar armonía y majestuosidad al conjunto.

Realizada con doble función, la de servir de mercado los días ordinarios y

- Plaza Mayor. Casa de la Panadería.
- Detalle de la Estatua de Felipe III.
- Detalle fachada Casa de la Panadería.
- Plaza Mayor. Vista aérea.

de teatro de las grandes fiestas y sucesos reales en las ocasiones precisas, la Plaza Mayor vino cumpliendo este cometido a lo largo de siglos. Así ha visto teatro y terreno para justas y cañas, ha sido coso pasa corridas de toros, ha sido lugar para la celebración de las públicas ejecuciones, escenario para la proclamación de los reyes a la muerte de su antecesor, lugar para recibimientos regios, estación especial en las procesiones y cuantas solemnidades han tenido lugar en Madrid desde su construcción, tuvieron siempre albergue en ella.

En su centro la estatua de su creador, el rey Felipe III, buena obra italiana del siglo XVII realizada por Juan de Bolonia y Pedro de Tacca que fue colocada aquí, después de ocupar distintos emplazamientos, en 1848.

Junto a Puerta Cerrada se levanta la original construcción de la *Basílica Pontificia de San Miguel,* antigua Iglesia parroquial de San Justo, templo de traza italiana construido en el siglo XVIII y uno de los más bellos ejemplos del barroco italiano en Madrid, que se adorna con esculturas de Carisana y Miguel, obra de los arquitectos Bonavia y Rabaglio.

Los alrededores de esta Iglesia presentan un Madrid de estrechas callejas retorcidas, de pinas cuestas y de escaleras en algunas calles, que dan al espacio urbano un especial y sugerente significado que se encargan

de resaltar los faroles de palomilla que se sujetan a los viejos muros de las casas antañonas.

El actual templo de *San Pedro el Viejo,* en la calle del Nuncio esquina a la Costanilla de San Pedro, es una vieja Parroquia que, en otros emplazamientos, lo era ya en 1194. El actual, es del siglo XIV, reconstruido en el XVI, quedando del primitivo la bella torre mudéjar de planta cuadrada que viene a ser uno de los más antiguos campanarios de Madrid.

La *Casa de Cisneros,* en la calle del Sacramento, se encuentra hoy ocupada por dependencias municipales, pero conserva, dentro y fuera, mucho de su antiguo esplendor. Fue construida al comienzo del siglo XVI por un sobrino y heredero del Cardenal Jiménez de Cisneros, que fue Regente de España a la muerte de los Reyes Católicos hasta la llegada de Carlos I el Emperador.

En su interior son visitables varios salones que recuerdan su magnificencia de otros días y hoy se encuentran soberbiamente alhajados. La Sala de Tapices, que se adorna con buenos tapices flamencos del siglo XV, de gran valía, tejidos en seda y lana,

↑ Arco de Cuchilleros.
↖ Detalle Farol.
→ Rincón Típico.

↑ Plaza de la Villa.
← Casa de Cisneros. Detalle.
← Portada Casa de los Lujanes.

piezas excepcionales por su tamaño y antigüedad, conserva un rico artesanado de la época de la construcción, el de mayor tamaño existente en Madrid. Otros tapices del siglo XVII, también bruselenses, completan el magnífico decorado de la que debió ser gran sala de estrado.

La *Plaza de la Villa* forma un interesante conjunto urbano de edificios antiguos en el que destaca por su fecha de construcción la *Torre de los Lujanes,* hoy sede de la Real Academia de Ciencias Morales y Políticas, y de la Sociedad Económica de Amigos del País, interesante asociación del siglo XVIII. Es ésta una de las escasas construcciones que conserva Madrid de finales del siglo XV y comienzos del XVI. Junto a ella, una casa mudéjar que llega hasta la entrada de la travesía del Cordón y que fue albergue de la Hemeroteca Municipal hasta el presente año. En ella, bellos sepulcros platerescos de

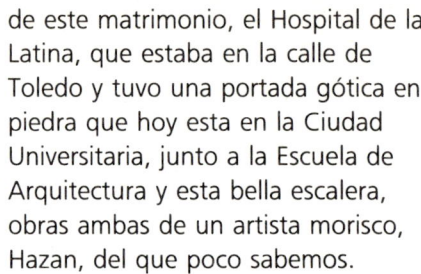

Francisco Ramírez, que fue general de la artillería de los Reyes Católicos y de su mujer, doña Beatriz Galindo, llamada por su saber «La Latina», maestra y amiga de la reina Isabel I. Fueron trasladados aquí al demolerse en el pasado siglo el convento de la Concepción Jerónima —que ha dejado su nombre a la calle donde estuvo— del que ellos fueron fundadores. También en la misma casa se ha colocado la escalera de otra fundación de este matrimonio, el Hospital de la Latina, que estaba en la calle de Toledo y tuvo una portada gótica en piedra que hoy esta en la Ciudad Universitaria, junto a la Escuela de Arquitectura y esta bella escalera, obras ambas de un artista morisco, Hazan, del que poco sabemos.

Pero el edificio principal de la plaza es sin duda la *Casa de la Villa,* sede del Ayuntamiento de Madrid y pequeño museo visitable. Fue Juan

Gómez de Mora el que proyectó este edificio cuyas obras, lentas por la penuria económica del Municipio, se alargaron por espacio de setenta y cinco años hasta 1696 en que se dio remate a la misma. Muerto Gómez de Mora la terminación, después de otras intervenciones, correspondió a Teodoro de Ardemans, que le dio su aspecto exterior definitivo y los adornos de escudos y labradas portadas. Tapices, esculturas y pinturas, lámparas dieciochescas de la Fábrica Real de La Granja, en finos cristales, porcelanas y otras piezas importantes, forman la decoración de los salones de recepción y representación de la Casa de la Villa que merece la visita del turista en Madrid.

◪ Torre de los Lujanes.
◪ Cúpula de la Capilla de San Isidro.
◪ Portada Capilla San Isidro.

- Basílica de San Miguel.
- Pasadizo del Panecillo.
- Senado.

En las cercanías del Ayuntamiento, se conserva otro conjunto urbano de interés, situado junto a la Carrera de San Francisco y formado por las Plazas de la Paja, de los Carros y de San Andrés.

En la Plaza de la Paja, destacando hacia lo más alto de ella, junto al que fue palacio de la familia fundadora de los Vargas, de recio abolengo madrileño, está la *Capilla del Obispo*, así conocida en Madrid y en la Historia del Arte aún cuando su nombre verdadero y litúrgico sea el de Capilla de Santa María y San Juan de Letrán, por el que es escasamente conocida.

Fundó esta Capilla el Obispo don Gutierre de Vargas Carvajal en los comienzos del siglo XVI, es una construcción todavía de estilo gótico, dedicada al enterramiento propio del fundador y de sus padres, don Francisco de Vargas, interesante personaje del reinado de los Reyes Católicos, y de su mujer, doña Isabel de Vargas. Los sepulcros de los tres en bellísimo estilo plateresco, figuran en la Capilla y son bien dignos de una visita que completa el rico retablo mayor del templo, igualmente plateresco. Toda la obra de retablo y sepulcros, la realizó Francisco Giralte.

La *Iglesia de San Andrés* es, como parroquia madrileña, una de las más antiguas y venerables de la Villa y de las que son citadas en el Fuero de Madrid de 1202, pero el edificio que ahora ocupa, destruido el anterior, que ya era del siglo XVII, es muy moderno. Feligrés de esta Parroquia era el humilde labrantín Isidro que ha venido a ser Santo Patrono de la Villa de Madrid. Vivió hacia el milenio y fue enterrado en el pequeño cementerio de la Parroquia y llevado su cuerpo dentro de ella por la veneración que recibía, en 1212. Su canonización se produjo en 1625, declarándosele Patrono de la Villa, pero su culto particular venía produciéndose desde muchos siglos anteriores.

Para presentar sus restos a los madrileños en lugar apropiado se levantó junto a la Iglesia de San Andrés y como Capilla de ésta, la *Capilla de San Isidro*, destruida en 1936 y hoy en restauración avanzada. Se realizó con proyecto de Pedro de la Torre en 1642, que levantó una capilla de forma cuadrangular cubierta con airosa cúpula que se conserva al

exterior en toda su belleza. Tenía riquísimo interior muy adornado y en ella, sobre altar central, estaba, en una urna de plata regalo del gremio de plateros madrileños en los comienzos del siglo XVII, el cuerpo momificado del santo, que pasó y se

↖ Capilla del Obispo.
↑ Detalle. Convento de la Encarnación.
← Monumento a Lope de Vega.
→ Convento de la Encarnación. Fachada.

encuentra ahora en la catedral provisional de Madrid.

En la calle de Toledo se levanta la *Catedral provisional de Madrid,* en edificio que perteneció, así como la Iglesia, al que fue Colegio Imperial de la Compañía de Jesús, fundado en 1599 por doña Juana de Austria hija del Emperador Carlos V de Alemania y I de España. Tuvo el Colegio Imperial gran importancia en la vida cultural del siglo de oro.

La Iglesia, hoy Catedral, fue construida por el jesuita Francisco Bautista, que creó en ella las normas del que había de ser el barroco madrileño, tan abundante en obras y realizaciones. El hecho de que Madrid dependiera de la muy extensa diócesis toledana, hizo que nunca tuviera catedral, como otras ciudades castellanas, pero al crearse a mitad del siglo XIX la diócesis de Madrid-Alcalá fue precio contar con una sede catedralicia, eligiéndose este templo,

de grandes proporciones, que se había secularizado en el siglo XVIII al producirse la expulsión de los jesuitas en el reinado de Carlos III. Desde entonces y continuamente se han realizado intentos para dotar a Madrid de una Catedral y se comenzó la construcción de una junto a Palacio, iniciada por el marqués de Cubas y reformada en su sentido estético por los arquitectos Chueca y de Miguel en nuestros días. De ella sólo se ha

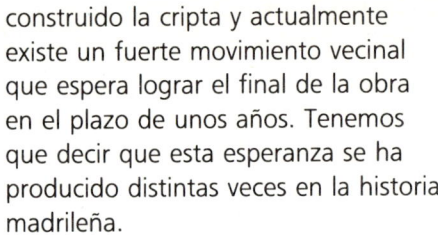

construido la cripta y actualmente existe un fuerte movimiento vecinal que espera lograr el final de la obra en el plazo de unos años. Tenemos que decir que esta esperanza se ha producido distintas veces en la historia madrileña.

El *Templo de San Francisco el Grande,* frente a la desembocadura de la carrera de San Francisco, no merece sólo una detenida visita, sino también una explicación de su existencia y

vicisitudes.

Varios eran los monasterios madrileños que tuvieron gran importancia en la Edad Media. Este de San Francisco, fue fundado en 1214 por el propio San Francisco según larga tradición.

Perdida la primitiva iglesia, seguramente gótica, en el siglo XVIII, se comenzó la construcción de la actual. Pese a la existencia de proyectos realizados por grandes arquitectos, como Ventura Rodríguez y Hermosilla, se prefirió el de un lego franciscano, el hermano Francisco Cabezas.

En 1781, se quiso adornar las seis capillas laterales y la mayor con buenas pinturas, y a tal efecto se encargó a los siete pintores a la sazón

◣ Detalle Fachada San Isidro.
⬆ Plaza de Puerta Cerrada.
➡ Catedral de San Isidro.

↑ San Francisco el Grande.
← □ La Fuentecilla.
← Iglesia de La Paloma.

los destacados en la Corte, la realización de los respectivos lienzos, con tema para cada uno de ellos, en forma de competición artística. Entre los artistas seleccionados estaba don Francisco de Goya, el gran pintor de Madrid.

En 1860, Cánovas del Castillo quiso decorar la Iglesia ricamente.

Entonces los siete cuadros que primeramente la habían decorado, pasaron a colocarse, tres en la primera

capilla de la entrada a la derecha y otros tres a la izquierda, quedando el séptimo, el correspondiente al altar mayor, colgado en la escalera del coro. El cuadro de Goya es el que centra la primera capilla entrando a mano izquierda.

Las pinturas cubren enteramente cúpulas y paredes en un conjunto de gran efecto para el visitante.

Varios proyectos hubo para salvar con un *Viaducto* el barranco que ofrece en la orografía madrileña la calle de Segovia, alguno de los primeros años del siglo XIX, pero no se construyó el primero hasta 1874. Sustituyó a éste otro, realizado en 1942 y que con sucesivas reformas y consolidaciones sigue actualmente en funcionamiento.

Interesante balcón sobre el paisaje madrileño ofrecen al visitante las *Vistillas de San Francisco* escenario de verbenas y fiestas veraniegas, abierto sobre el paisaje del otro lado del pobre Manzanares.

Debemos ahora referirnos a otros edificios de interés situados no muy lejos del barrio que venimos recorriendo. Entre ellos la *Plaza de Provincia* y *El Ministerio de Asuntos Exteriores*.

Construyose el edificio de este último en el siglo XVII por el marqués de Crescenci, el autor del Panteón Real del Monasterio del Escorial, con destino a Cárcel de Corte y Audiencia.

Y antes de llegar al Palacio Real detengámonos en dos lugares que están a uno y otro lado de la Plaza de Oriente: la *Iglesia de Santiago* y el *Convento de la Encarnación*.

La *Iglesia de Santiago* vino a sustituir a otra anterior y fue levantada en 1811 con planos del arquitecto Cuervo.

Mucho más interesante es el *Convento de la Encarnación*, fundado por Felipe III y la reina doña Margarita para conmemorar la expulsion de los moriscos de España y terminado durante el reinado de su hijo Felipe IV.

↑ Viaducto sobre la calle de Segovia.
↘ Plaza de Ramales.
→ Iglesia de Santiago.

- Ministerio de Asuntos Exteriores.
- Detalle Ministerio.
- Torre de Santa Cruz.

- Plaza de la Armería.
- Farol Plaza de Oriente.
- Vista aérea del Palacio Real.
- Fuente en el Campo del Moro.

El Palacio Real

El mismo lugar donde hoy se levanta el Palacio fue el elegido por los árabes durante su dominación en Madrid para alzar en él el castillo que era el punto fuerte defensivo de la villa fortificada que de Madrid hicieron, como atalaya para defender la ciudad de Toledo, cabeza del reino árabe, de los posibles ataques que llegaran desde el otro lado de la sierra de los ejércitos cristianos.

El viejo Alcázar árabe, a la

reconquista, fue acondicionado para residencia real. Elegido Madrid como capital de sus reinos por Felipe II, el Palacio fue la residencia oficial del rey aún cuando éste viviera más habitualmente en el Monasterio de El Escorial a una jornada de camino. Después, los reyes siguientes fueron acondicionándolo y ampliándolo sucesivamente. Aquí fue la residencia de los Felipes, el III y el IV, y aquí pintó y vivió don Diego de Velázquez.

Acabada la dinastía de la Casa de Austria con Carlos II, el primer Rey de la Casa de Borbón, Felipe V, residió en él desde su llegada a Madrid hasta la Nochebuena de 1734 en que un incendio puso fin al viejo castillo árabe modernizado y también a numerosas obras de arte en él almacenadas, salvándose afortunadamente gran número.

Quiso Felipe V que el nuevo Palacio se construyese precisamente

sobre el solar del antiguo, pese a lo escarpado y dificultoso del mismo, que hacía costosa e incómoda la construcción y siguiendo sus instrucciones Juan Bautista Sachetti realiza el proyecto que había de llevarse a cabo con leves modificaciones. Fachadas de 131 metros limitan la construcción que, realizada en granito y piedra blanca, es una de las más bellas residencias reales de Europa. La primera piedra se colocó en 1738 pero el Palacio no pudo ser habitado hasta tiempo de Carlos III, en 1764.

La puerta principal es la de la Armería, que da al sur y ante la que se abre un gran patio de armas. A la Plaza de Oriente da la llamada Puerta del Príncipe.

↑ Palacio Real. Sala de Carlos III.
↘ Fachada Plaza de Oriente.
← Techos sala Gasparini.

⬆ Palacio Real desde el Campo del Moro.
← Jardines de Sabatini.

obligado parecido el magnífico escultor sevillano Martínez Montañés, autor de la delicada imaginería de los pasos sevillanos de Semana Santa, realizó un busto en madera del rey que, con su retrato pintado por Velázquez, fueron enviados a Florencia para que el artista italiano pudiera realizar el encargo que le había hecho Cosme de Medicis para regalárselo al rey.

Inmediata a la Plaza de Oriente está la Plaza de Ramales, donde estuvo la Iglesia de San Juan, en la que fue enterrado Velázquez, cuyos restos, hoy perdidos al desaparecer la Iglesia, han de encontrarse en aquél lugar. En su recuerdo se ha levantado un monolito.

Bellos faroles románticos alumbran la Plaza, son según el modelo realizado en tiempos del rey Fernando VII. Detrás de Palacio el Campo del Moro o Parque de Palacio, forma un conjunto de bonitos jardines, visitables.

El conjunto del Palacio Real, magníficamente amueblado, con una de las colecciones de tapices más ricas del mundo, con excelentes pinturas de diversas épocas —entre ellas varios cuadros de Goya— forma un conjunto, visitable como museo, de extraordinaria magnificencia. Destacan el Salón del Trono, tapizado en rojo y con techos pintados por Bayeu, el Salón de Gasparini, con lindos estucos chinescos, el de Porcelanas de Buen Retiro, decorado con placas de esta materia y finísima factura, el de Carlos III tapizado en seda azul celeste como el hábito de su Orden, el de los Espejos y tantos otros de rico mobiliario y magníficas pinturas.

Aparte de todo ello forman museos independientes y también visitables, la colección de Carrozas, la de Tapices, la Farmacia, la Biblioteca y la muy importante Armería.

En la plaza de Oriente, enfrentado a Palacio, el Teatro Real, comenzado en 1818 y terminado en 1850. Cerrado por necesidad urgente de consolidación en 1925 y vuelto a abrir como sala de conciertos en 1966.

El centro de la Plaza de Oriente lo ocupa la estatua de Felipe IV a caballo, obra del escultor florentino Pedro de Tacca. El Rey quiso que el caballo figurara en corbera, con las patas delanteras al aire. Esto hizo preciso que se calcularan las partes huecas y las rellenas de la escultura, a fin de que pudiera sostenerse en tal postura. Se dice que estos cálculos los realizó nada menos que el gran Galileo. Para hacer la estatua con el

◤ Catedral de la Almudena. Fachada posterior.

◤ Catedral de la Almudena. Fachada principal.

➡ Palacio Real desde la Plaza de Oriente.

28

⬆ Teatro Real.
⬅▫ Plaza de Oriente. Estatua de Felipe IV.
⬅ Teatro Real. Escenario.

La ribera del Manzanares

Manzanares, «arroyo aprendiz de río», según frase de clásico escritor, ha merecido las burlas y las chacotas de autores de alcurnia y de otros que no lo llegaron a ser. Sus escasas aguas, que siempre tuvieron más abundancia en el subsuelo que sobre su arenoso cauce, le hicieron un río invisible, especialmente cuando lo secan los calores del sol veraniego, pero sin embargo es capaz de riadas terribles, como la que se llevo desde las cepas, el anterior Puente de Toledo haciendo que por muchos años se pusiera en su lugar estrecha pasarela de madera hasta que, en el siglo XVIII el corregidor marqués de Vadillo encargó a Ribera el bello y adornado Puente que todavía presta servicio.

Se puede decir que entra el Manzanares en tierras de la Villa cuando pasa bajo los ojos del Puente de San Fernando, construido para facilitar el paso del cortejo real al Pardo en el siglo XVIII por Fernando VI

y en el que, en recuerdo del Rey y de su esposa, estan las imágenes de sus santos patronos, San Fernando y Santa Bárbara. Entra después en el tramo canalizado, pero nunca enteramente resuelto que va a acompañarle a su paso por la capital. Lejana es la primera canalización, tras ella vino otra que en la actualidad se intenta reformar y mejorar.

Uno de los edificios importantes que se enfrentan al río a su paso por el casco urbano es la Ermita de la Virgen del Puerto, obra primera del gran arquitecto del barroco dieciochesco que fue el madrileño Pedro de Ribera, que la levantó por encargo del ya mencionado corregidor Vadillo.

Viene después, severo y limpio, desornamentado y presentando sólo la belleza de sus propias dimensiones, el Puente de Segovia, obra realizada en el siglo XVI por Juan de Herrera y que guarda todo el contenido dinamismo de su Escorial. Antaño estas orillas fueron lavaderos públicos donde se blanqueaba y secaba al sol la ropa más íntima de todos los madrileños.

- Ermita de la Virgen del Puerto.
- El río Manzanares.
- Detalle del Puente de Toledo.
- Puente de Segovia.

Baña el Manzanares la Pradera de San Isidro, magistralmente retratada por Goya en un delicioso cuadrito. Tras ella, las líneas verdes de los cipreses anuncian la presencia de los viejos cementerios románticos: San Isidro, Santa María, San Justo...

Después de pasar por las cercanías del Campo del Moro el río se remansa al llegar a las cercanías de la que fuera «Quinta del Sordo», última residencia madrileña de Goya y especialmente al correr frente a la Ermita de San Antonio de la Florida. Hemos llegado aquí a uno de los puntos clave de la visita madrileña: los frescos pintados por Goya en las paredes de la Ermita que es hoy estuche de su propia sepultura.

Y nos queda la Ermita de San Isidro. Lugar de romería y de alboroto, de bulla y de charanga.

Después pasa el río bajo el adorno rico del Puente de Toledo. Otra magnífica construcción de Pedro de Ribera con ornacinas en el centro de su calzada en la que se albergan, tallados en piedra caliza, las estatuas de San Isidro y de su esposa, Santa María de la Cabeza, obra del escultor Ron.

Todavía tiene que cruzar el río bajo los arcos de cemento del Puente de la Princesa. Este que vemos es el segundo así nombrado, realizado en 1929 y sustituyendo a otro de comienzos de siglo y estaba dedicado a la entonces princesa de Asturias; fue metálico, con recuerdos de los primeros puentes construidos para el paso ferroviario.

Pasa el Manzanares junto al Parque de la Arganzuela, cuyo principal adorno es la gran fuente con Obelisco, rematado por una estrella polar metálica. Es el mismo que presidió antaño la fuente que centraba la Plaza de Roma o de Manuel Becerra y que ya allí llegó de

rechazo, pues para donde se construyó fue para otra fuente, en la Castellana, a la desembocadura del Paseo del Cisne, y que dejó en algún establecimiento de aquellos lugares el nombre de «Obelisco» que él le diera.

Después el río vuelve a ser campesino y todavía se ven huertas en sus riberas, se aclaran las construcciones y recomienza el campo, el viejo campo de Madrid, tan olvidado.

◤ Estación del Norte.
✝ San Antonio de la Florida. Museo.
← San Antonio de la Florida.

⬆ La Rosaleda (Parque del Oeste).
⬌ Fuente en la Rosaleda.
⬌ Río Manzanares.

El centro

Todavía quedan a Madrid muchas otras joyas que no han sido mencionadas aquí. Por el mismo centro absoluto de la ciudad nos hemos de encontrar con viejas iglesias, antiguos monasterios, fuentes artísticas, edificios singulares, que convendrá recordar siquiera.

San Ginés, en la calle del Arenal, es una vieja iglesia que ha sufrido numerosas transformaciones a lo largo de sus muchos siglos. Viejas imágenes, algunas de las cuales tuvieron gran predicamento, en otras épocas, figuran en sus altares, pero sobre todo San Ginés guarda una verdadera joya, su Capilla del Cristo, perteneciente a la Congregación de Esclavos del Santo Cristo. Una diminuta iglesia preciosa y rica, con bronces de Pompeyo Leoni, cuadros de Francisco Ricci, esculturas de Vergaz y Nicolo Fumo y hasta una de las preciosas versiones de «Cristo arrojando a los mercaderes del templo», obra de El Greco y una de

las pocas pinturas de éste que se pueden encontrar en Madrid, fuera de sus Museos.

Las *Descalzas Reales,* antiguo palacio convertido en monasterio, es un conjunto grandioso de riquezas artísticas, afortunadamente hoy visitables, convertido, en determinadas horas, en Museo por el Patrimonio Nacional, lo que permite recorrer las estancias que viven habitualmente las monjas profesas, de muy estricta regla de clausura.

Es frecuente que el visitante se pregunte, ante la plaza, porque aquel lugar se llama *Puerta del Sol.* Húbola efectivamente allí, cuando la muralla, antes del siglo XVI, cerraba un Madrid muy pequeñito. Y como esta Puerta —como tantas otras de otros lugares de España— tenía un sol esculpido sobre ella, se le dio tal nombre que ha perdurado después de cuatro siglos en que la puerta y el sol fueron demolidos.

Entre los teatros madrileños convendrá destacar el *Español,* heredero del viejo Corral del Príncipe que allí estuvo y en el que se representaron las obras de los

- Iglesia de San Ginés.
- Convento de las Descalzas.
- Detalle Torre de San Ginés.
- Puerta del Sol.

escritores del siglo de oro y el de la *Zarzuela,* edificado para este género por un grupo de gentes del teatro —autores y compositores— y algunos banqueros en el pasado siglo.

El *Congreso* es obra realizada durante el reinado de doña Isabel II con esculturas de Ponciano Ponzano. Ante él la estatua de Cervantes, la primera que se levantó en Madrid a un personaje que no fuera de sangre real.

Y poco más allá lo que resta, muy transformado, del que fuera *Monasterio de San Jerónimo,* fundado en tiempo del rey Enrique IV, a comienzos del siglo XV, junto al Manzanares y trasladado a este lugar por los Reyes Católicos.

Entre el Congreso y los Jerónimos la *fuente de Neptuno.* Corresponde esta fuente a una reforma del Prado de Carlos III, que se iniciaba en Atocha con la *fuente de la Alcachofa* —hoy en el Retiro—, continuaba con las *cuatro fuentes gemelas* junto al Museo, del escultor Roberto Michel, seguía con esta de *Neptuno,* de Juan Pascual de Mena, y todavía había de completarse con las de Apolo, de Vergaz, y *Cibeles,* de Francisco Gutiérrez y Roberto Michel, ordenando así de forma solemne el viejo Paseo del Prado que ya había estado tan de moda en el siglo anterior.

El edificio de la *Bolsa,* inmediato al

Prado, es de este siglo y del arquitecto Repullés, con gran columnata en el pórtico, como también el cercano Banco de España, de época aproximada, bello y adornado edificio que ha sufrido ya numerosas ampliaciones, obra de Lastra.

No queremos dejar sin mención, entre tantas otras, a dos iglesias. Una la que fue *iglesia y convento de Santa Ana,* de la que sólo queda el nombre en la plaza que se abrió,

aprovechando su solar frente al Teatro Español y la otra moderna, obra de Arbos, de *San Manuel y San Benito,*

◻ Real Academia de la Lengua.
◻ Teatro de la Zarzuela.
◻ Congreso de los Diputados.
◻ Teatro Español.

Plaza de Neptuno e Iglesia de los Jerónimos.
Detalle Fuente de Neptuno.
Fachada de la Iglesia de los Jerónimos.

37

templo fundacional que según el gusto de la época se trazo en un pretendido estilo bizantino.

En la misma calle de Alcalá sólo queda el templo del que fuera convento de las *Comendadoras de Calatrava*, llegadas a Madrid en el siglo XVII. Los restos conventuales fueron muy alterados en una reconstrucción realizada en el pasado siglo.

Este trozo de la calle de Alcalá era aún en el siglo XVII más camino que calle, abundando en él mesones, alquileres de carruajes en las escasas casas levantadas entre los varios conventos allí existentes y todos ellos desaparecidos: las Calatravas, las Vallecas, las monjas de Pinto, las Baronesas, los Carmelitas Descalzos....

La *Plaza de Cibeles* es hoy uno de los centros neurálgicos de Madrid, donde van a confluir numerosas líneas de transporte urbano de superficie y subterráneo y donde se alzan un conjunto de edificios importantes, como lo es el *Palacio de Comunicaciones*, magnífica obra arquitectónica del que fue gran profesional Antonio Palacios y al que por su aspecto catedralicio se le llamó un tiempo Nuestra Señora de las Comunicaciones.

Frontero a él, el *Banco de España*, buen edificio con magnífica colección pictórica —varios cuadros de Goya— al que ya nos hemos referido. Al otro lado de la calle de Alcalá, el Palacio de Buenavista, actual sede del Estado Mayor del Ejército de Tierra, que ocupa un palacio que levantaran para sí los Duques de Alba sobre la que fue Huerta de Juan Fernández.

El último edificio de la plaza es el Palacio de los Marqueses de Linares, hoy edificio de una entidad crediticia, que se alza sobre parte de lo que fueran Pósitos de la Villa, construidos por Juan de Villanueva en el siglo XVIII.

A la derecha de Cibeles el Salón del Prado, el trozo más cuidado tradicionalmente de este largo paseo y a la izquierda el Paseo de Recoletos. Verdaderamente este nombre parece contrapuesto con la idea alegre de un paseo, pero se debe a que en él, aproximadamente por donde hoy el edificio de la Biblioteca Nacional, estuvo el convento de agustinos recoletos.

Hoy Recoletos está presidido por la presencia de las alegres terrazas de varios cafés, entre ellos algunos con reciente tradición literaria como el de Gijón y el Téide, que aún cuando desaparecido, conserva con el mismo nombre su terraza veraniega.

◤ Iglesia de San José.
◤ Iglesia de San Manuel y San Benito.
◤ La Bolsa.

Puerta y calle de Alcalá.
Banco de España.
Detalle nocturno de la fuente de Cibeles.
Palacio de Comunicaciones. Plaza de Cibeles.

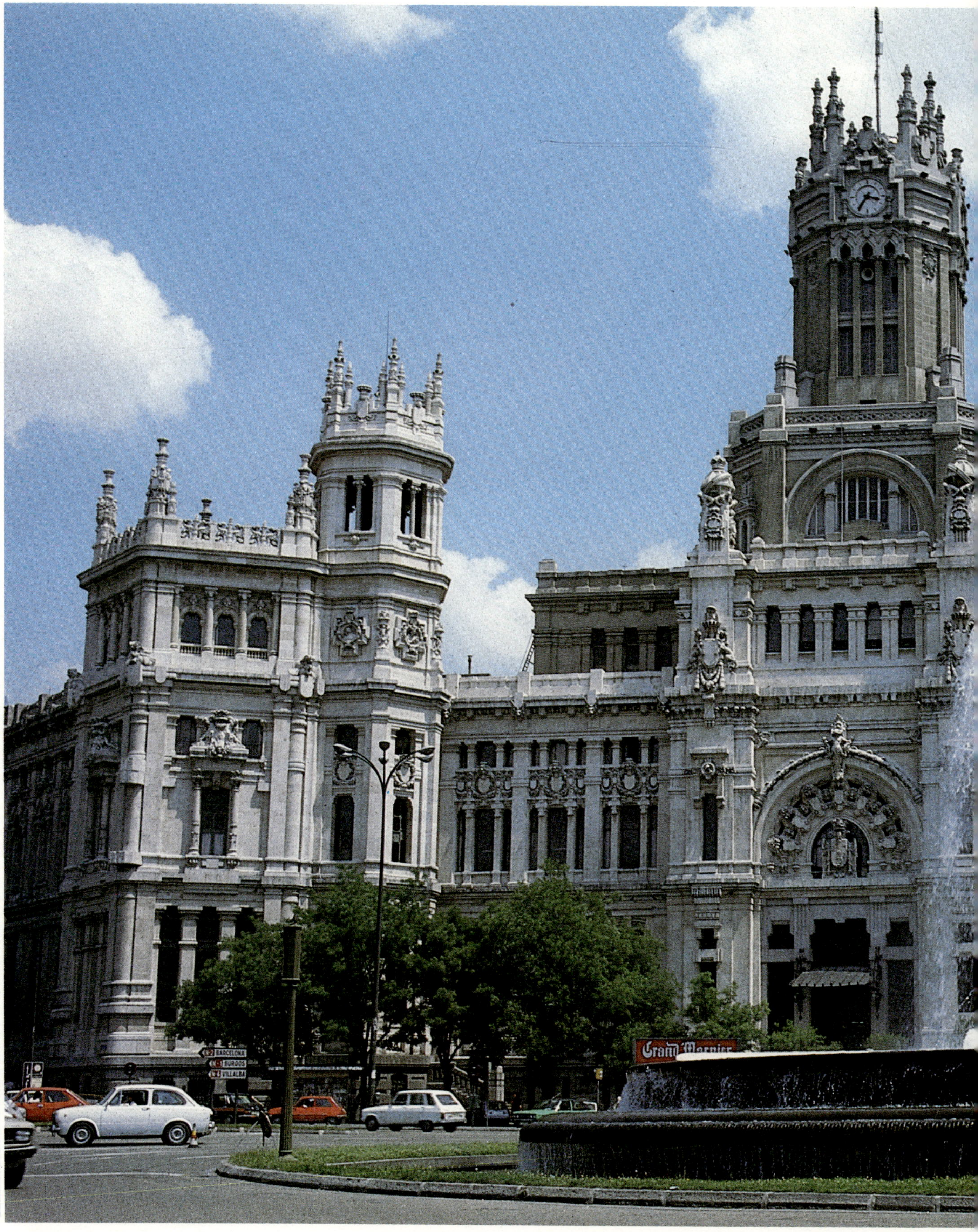
BARCELONA
BURGOS
VILLALBA
Grand

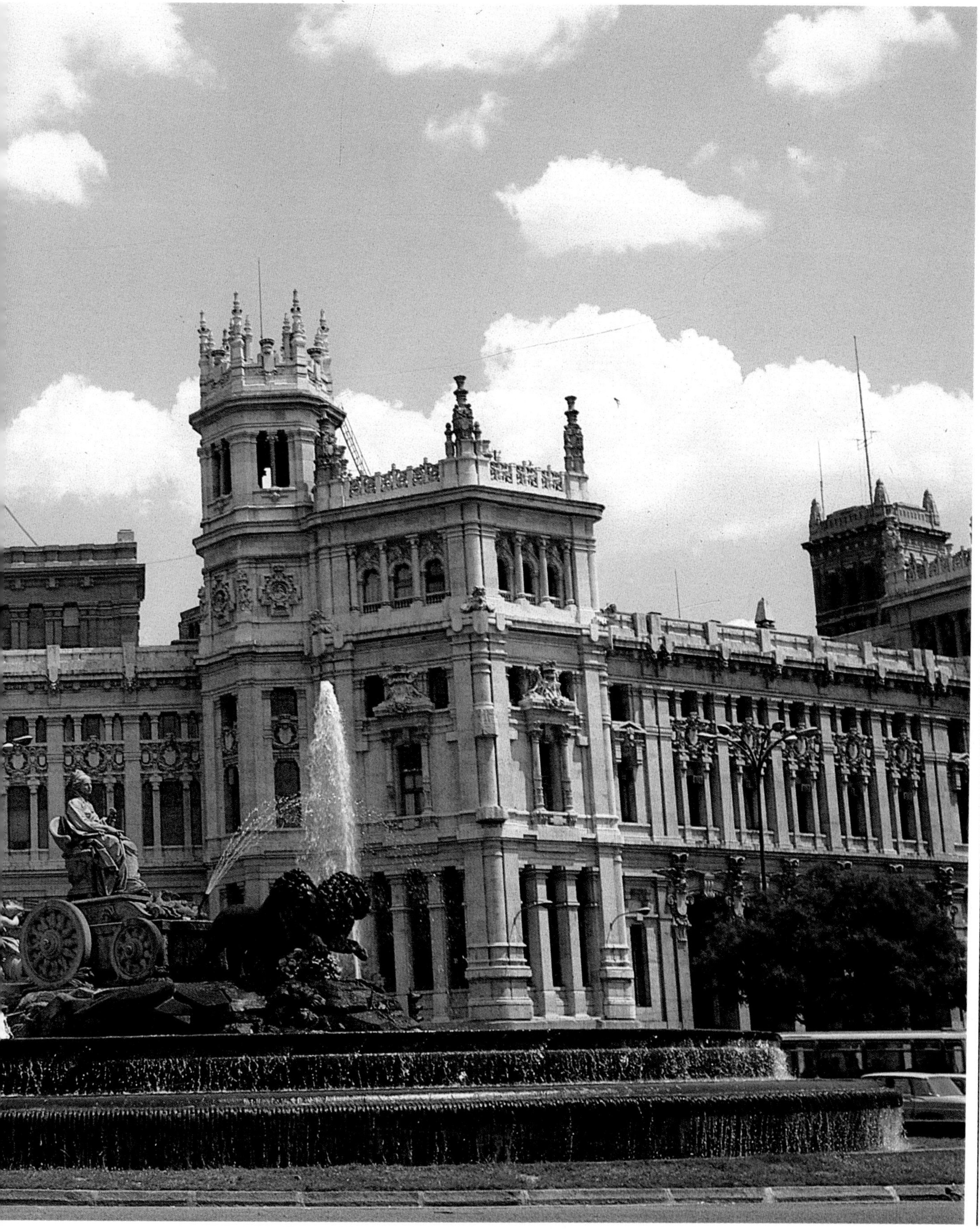

El Museo del Prado

Pretender recoger en el breve espacio que una publicación de esta índole puede ofrecer el contenido, siquiera sea resumido, del Museo del Prado, es tarea imposible tratándose de una de las primeras colecciones de pintura del mundo entero. No podremos hacer sino una indicación de algunos aspectos muy determinados.

Sea primero el edificio. Porque los árboles no dejan ver el bosque, sucede que las pinturas no dejan admirar su envoltorio. Y sin embargo, el edificio del Museo es realmente excepcional. Se trata de una de las mejores obras del gran arquitecto neoclásico del siglo XVIII Juan de Villanueva que lo construyó por encargo de Carlos III para Museo de Ciencias Naturales y centro de investigación sobre esta materia.

Verdaderamente, la idea real estaba muy bien concebida y correspondia enteramente al concepto cultural del siglo. Un jardín Botánico y junto a él, un edificio para albergar las colecciones y dar asilo al estudio y a la enseñanza de las mismas. Pero construido el edificio no llegó a ocuparse nunca, la invasión francesa lo casi destrozó y empleó el plomo de sus cubiertas en balas para sus cañones.

Pasada la guerra, el rey Fernando VII quiso abrir las ricas colecciones reales, que se remontaban a los Reyes Católicos, al público y dispuso la creación del Museo de Pinturas, utilizando el hasta entonces inutilizado edificio.

En el trono de España se sucedieron por fortuna una larga serie de reyes muy aficionados a la pintura: todos los de la Casa de Austria y los Borbones hasta el fundador de la pinacoteca. La colección era por tanto nutridísima y varia y ella fue el orígen de los fondos del museo ampliados después con los cuadros procedentes de los conventos desaparecidos, cuando la desamortización de los bienes eclesiásticos en el pasado siglo.

Así, se ha reunido un conjunto de arte difícilmente igualable y en

↑ Fachada norte del Museo.
↘ Estatua de Goya.
← Velázquez. *Las Meninas*.

↑ Galería de Pintura Española.
← Velázquez. *Las Lanzas*.
← Detalle Galería.

obra como en su Toledo, tierra de adopción donde vivió, pintó y murió.

En cuanto a Goya se puede decir que el Prado es su gran exposición, con obras capitales de su genio y conjuntos, como las pinturas negras o los cartones para tapices, verdaderamente únicos.

La rica colección escultórica se empalidece al lado de tanta abundancia, pero cuenta también con piezas capitales.

ocasiones único.

Rubens, que hizo estancias en España, también está ricamente representado en el Museo, de forma difícilmente alcanzable, y en cuanto a los pintores españoles, lógicamente, se encuentran abundantemente presentes, en líneas generales.

Velázquez tiene en el Prado un conjunto de obra que es el único que puede hacer comprender su arte y el mismo Greco tiene aquí casi tanta obra como en su Toledo, tierra de

Y convendrá decir que cuantos cuadros figuran en la extensa colección están todos, en su totalidad, a título de pacífica y legal propiedad, sin que incautaciones guerreras o expolios de batalla, enriquecieran nunca sus fondos como de los de tantos museos mundiales.

Llamamos la atención de los visitantes sobre el conjunto de pinturas primitivas, procedentes de antiguos retablos, reunidos en el Museo, bien en conjunto, bien en tablas separadas o fragmentadas y asimismo, sobre la rica colección de pintura italiana en la que destacan las pertenecientes a Rafael, alguna de ellas, como el retrato de un cardenal desconocido, verdaderas obras maestras y piezas de excepción como el «Tránsito de la Virgen» de Mantegna.

Todavía el Museo tiene una prolongación en el Casón del Buen Retiro, tan cercano, edificio que fue gran salón de bailes del aquel desaparecido palacio, y la exposición del célebre lienzo de Picasso «La destrucción de Guernica», en cuya fama han intervenido causas extrapictóricas.

Y piense siempre el visitante que el Museo es materia para varias visitas, siempre provechosas y siempre llenas de conocidas sorpresas que es imposible abarcar en el espacio de unos pocos minutos.

◧ Estatua de Velázquez.
◧ Fachada Principal del Museo.
◧ Zurbarán. *Visión de San Pedro Nolasco.*

44

Goya. *Fusilamientos del Dos de Mayo.*

El Greco. *Caballero de la mano en el pecho.*

Goya. *El Quitasol.*

45

El Retiro y el Jardín Botánico

Para comprender el Retiro hay que situarse en los primeros años del siglo XVII que fueron los de su creación, ya que finalizó su construcción en 1635. Había entonces, entre los campos de aquella parte de Madrid, un solo edificio, el convento de San Jerónimo el Real.

Ya Felipe II se había construido unos cuartos en dicho monasterio que utilizaba en épocas de cuaresmas y lutos, de los que tanto sufrió por numerosos fallecimientos de sus seres más queridos. De ahí que esos cuartos fueran conocidos como «el retiro de Su Majestad» o simplemente el Retiro. Cuando el Conde-duque de Olivares, don Gaspar de Guzmán —magnífico retrato de Velázquez en el Prado— pensó en hacer un palacio para su señor, el rey Felipe IV, le pareció que aquellos lugares y la apoyatura del convento jerónimo, de siempre orden aposentadora de los reyes de España, podrían ser el lugar adecuado y comenzó por la compra de terrenos y seguidamente la construcción del gran complejo palacial. De éste, no nos quedan otros restos que el actual Museo del Ejército y el Casón del Retiro, ya mencionado.

El actual Museo del Ejército era una de las crujías que rodeaban varios patios y formaban el palacio. En ésta, estaba el Salón de Reinos —se conserva en él dicho Museo y se advierte por los escudos de todos los reinos dependientes de la corona española pintados en su cornisa— que era el salón del trono de aquel palacio, para el que Velázquez pintara por encargo real «La rendición de Breda», hoy en el Prado, y los retratos ecuestres de los reyes Felipe III y Felipe IV así como sus mujeres y el hijo de los reyes, el malogrado príncipe Baltasar Carlos.

Después, grandes jardines, un gran estanque —el actual del parque del Retiro— y numerosas ermitas salpicadas por los jardines, de las que ninguna ha llegado hasta nosotros. Pero interesa resaltar que el Retiro de Felipe IV era mucho mayor que el actual, pues además de lo existente

↑ Vista aérea del Estanque.
↘ Puerta en la calle Alfonso XII.
← Detalle Fuente (Tritones).

46

Monumento a Alfonso XII.
Monumento a Alfonso XII (Detalle).
Detalle de los leones del embarcadero.

abarcaba todos los terrenos que hoy están entre el actual Parque y el Prado, desde Atocha a Cibeles. De ahí que el viejo palacio o los restos que de él quedan, hayan venido a estar situados fuera de los jardines actuales, en un enorme trozo, terreno en el que hay hoy todo un barrio que se hurtó al Retiro y se vendió parcelado por un Ayuntamiento falto de dinero, ciertamente, pero mucho más falto de escrúpulos.

Existen ejemplares de un viejo plano de Madrid, dibujado casa por casa en 1654, por un cartógrafo portugués —entonces dentro de la Corona Española— en que aparece el Retiro como era en sus tiempos fundacionales.

La Corte de Felipe IV era la Corte alegre de un rey poeta y el Retiro fue el escenario ideal de grandes fiestas y de grandes representaciones teatrales, algunas insólitas como las naumaquias que en su estanque tuvieron lugar en escenarios flotantes o en la isleta que entonces centraba el estanque y que el rey sabemos presenciaba igualmente embarcado. Otras veces, la representación abría su escenario para que en vez de lienzos pintados fueran los propios jardines reales los que pusieran fondo a la escena fingida...

En aquellas representaciones para la Corte, pero a las que el pueblo también tenía acceso, fueron los grandes triunfos de Lope de Vega, de Tirso, de Calderón, de Quiñones de Benavente, de Villamediana y de tantos otros autores del gran siglo de las letras hispánicas.

Acabadas las obras de construcción del actual Palacio Real, el Retiro fue decayendo. La nueva dinastía había creado los jardines de La Granja y de Aranjuez. El Retiro había pasado de moda.

Después fue cedido al dominio de Madrid, primero en parte y luego en su totalidad —y el Ayuntamiento aprovechó para recortar el regalo— y así vino a quedar en uno de los más bellos parques urbanos y también a quedar dentro de la propia ciudad.

Una larga política municipal lo fue llenando de monumentos. Muchos, demasiados. Y como es consecuencia del número, unos aceptables y otros muchos menos, esto desde el punto de vista artístico y prescindiendo enteramente de su dedicación.

El más conocido y el de mayor volumen, es el dedicado al rey Alfonso XII junto al estanque, en lo que había sido el embarcadero real. Obra de varios arquitectos y escultores, como toda obra colectiva se resiente de desigualdad y quizá pudiera considerarse grandilocuente,

→ Detalle de la Rosaleda.
↗ Estanque del Palacio de Cristal.
↓ Fuente del Retiro.

Palacio de Cristal.
Palacio de Velázquez.
Casita del Pescador.

pero es indudablemente decorativo.

También se levantaron Palacios dedicados a exposiciones, uno de ellos de gran interés, el Palacio de Cristal. Primitivo invernadero para las plantas exóticas de una exposición, es una construcción en hierro del mejor estilo y de magníficas proporciones, obra del arquitecto Velázquez Bosco, que también fue el autor del cercano palacio destinado igualmente a exposiciones, el llamado de Velázquez, que se construyó para una muestra de productos filipinos, cuando aún las Filipinas eran parte de los territorios españoles.

En el Retiro estuvo en el siglo XVIII, creada por Carlos III, la Fábrica de Porcelana, autora de magníficas obras y con estupenda representación en el Museo Municipal. La destruyeron los ingleses, nuestros aliados contra la invasión francesa, pero celosos de la importancia que venía restando esta factoría a sus porcelanas.

Hacia el final del Paseo del Prado, a continuación del Museo y hasta Atocha, está el Jardín Botánico. Ya Fernando VI había creado una institución parecida en el Soto de Migas Calientes, pero fue Carlos III, en 1781, el que lo trasladara a este lugar.

Rodeado por magnífica verja de hierro, tiene acceso por varias puertas. Al menos una de ellas, la principal frente al Museo, obra del mismo arquitecto que aquél, Juan de Villanueva.

Tuvo desde su inicio gran importancia científica y el rey envió varias expediciones a distintas partes del mundo para recoger especímenes y reproducir en dibujos otras, para sus colecciones.

Por su recinto se han colocado distintas estatuas que recuerdan a sus fundadores y a grandes botánicos españoles de distintas épocas y alegran el bello jardín que, aparte de su valía científica e investigadora, tiene también función de esparcimiento y descanso.

Se ha anunciado la reapertura de una vieja tradición del Jardín, la de entregar gratuitamente a los solicitantes las hierbas medicinales que precisen para su tratamiento. Antigua costumbre interrumpida hace unos años.

Son de valía excepcional las numerosas láminas dibujadas, por indígenas y por los componentes de la expedición de Celestino Mutis, el célebre botánico a Nueva Granada. Son más de seis mil y representan toda la flora de aquella región cuando todavía dependía de la Corona. Se trata de lindísimos dibujos que sólo han sido parcialmente reproducidos en una edición magnífica destinada a bibliófilos por su característica y precio.

Entre el Museo del Prado y el Jardín Botánico, en el centro de una plaza, se levanta una estatua dedicada a Bartolomé Esteban Murillo el gran pintor sevillano, que realizó el escultor Sabino Medina por encargo del Ayuntamiento de Sevilla y a quien el de Madrid hizo petición de una reproducción, bien colocada aquí, junto al que es refugio de sus célebres cuadros.

◣ Monumento a Carlos III en el Jardín Botánico.
← Fachada Principal del Jardín. (Puerta de Villanueva.)

↑ Plaza de Carlos V y Paseo del Prado.
←□ Ministerio de Agricultura.
← Plaza de Carlos V. Hospital General.

Otros edificios y lugares de interés

A continuación del Jardín Botánico, del que nos acabamos de ocupar, se abre la amplitud de la plaza de Atocha hoy ocupada, quizá por poco tiempo, por la masa de un complicado paso elevado para facilitar la circulación muy intensa en aquel lugar.

En dicho lugar, la antigua estación del ferrocarril llamada del Mediodía, interesante obra de la arquitectura del hierro, y el edificio que hoy ocupa el Ministerio de Agricultura y que realizó el ya citado arquitecto Velázquez Bosco para Ministerio de Fomento.

Estos lugares están pendientes de nueva ordenación, al dejar de prestar servicios ferroviarios la estación y dedicarse a otros fines sus espacios, aún cuando es de desear la conservación de la edificación.

En este sitio estuvo una de las puertas de Madrid del cerramiento del siglo XVII del que hemos hablado, era la puerta de Atocha o de las Campanillas, que dejaba fuera otro gran monasterio antiguo, el de la Virgen de Atocha. Desde aquí la cerca seguía para rodear el Retiro y llegar a la Puerta de Alcalá y después, por Recoletos, hasta la actual plaza de Colón, donde hoy los Jardines del Descubrimiento, cerrados hacia la calle de Serrano por unos grandes conjuntos labrados en piedra que evocan la gesta colombina y son obra moderna de Vaquero. Allí está también una estatua de Colón, obra de Suñol, sobre un elevado pedestal de Mélida y bajo los jardines, uno de los Centros Culturales de la Villa, con numerosas dependencias y servicios. Junto a todo esto, el gran edificio de Jareño que ocupa la Biblioteca Nacional y el Museo Arqueológico.

La Biblioteca Nacional es otro de los orgullos de España, sus extensos fondos, tanto de libros antiguos como de manuscritos, grabados, mapas, planos, etc.

Seguía desde Colón —donde estaba la puerta llamada de Recoletos— la cerca por lo que eran los viejos bulevares madrileños,

- Calles de Alcalá y Gran Vía.
- Paseo de Recoletos (Fuente de la Mariblanca).
- Paseo del Prado (Fuente de Apolo).

Gran Vía. Plaza del Callao.
Detalle edificio Metrópolis.
La Gran Vía por la noche.

desgraciadamente desaparecidos para facilitar la circulación, abriéndose la siguiente puerta en la actual plaza de Santa Bárbara llamada así por el convento de este nombre que allá se encontraba. Cercano queda el Palacio de Justicia, edificación del presente siglo y junto a él, la Iglesia de Santa Bárbara —que nada tiene que ver con el desaparecido convento— y que es una fundación del siglo XVIII realizada por la esposa —Bárbara de Braganza— de Fernando VI. El matrimonio tiene en el templo sus enterramientos siendo de los pocos reyes no enterrados en El Escorial. El de Fernando VI es un bello monumento situado en el crucero de la iglesia, a la derecha, obra del escultor Francisco Gutiérrez.

Continuaba la cerca por los bulevares —actuales calles de Sagasta, Carranza, Alberto Aguilera— con las puertas de los Pozos de la Nieve, en la actual glorieta de Bilbao y de San Bernardo o Fuencarral en donde hoy la glorieta de San Bernardo.

Cerca de la primera de las indicadas, en la calle de Fuencarral, el Museo Municipal, instalado en un antiguo edificio construido en el siglo XVIII por Pedro de Ribera, y que es de aconsejable visita por los numerosos recuerdos que guarda de Madrid y de su historia. Tras el Museo, en los jardines, una fuente barroca que Ribera labró para que fuera colocada en la plaza de Antón Martín y que desde allí ha recorrido distintos puntos.

Desde la confluencia de Alberto Aguilera y Princesa queda cercano el Parque del Oeste, creado en los primeros años del siglo por el alcalde Alberto Aguilera y con encantadores rincones. En uno de sus extremos se ha colocado recientemente el templo de Debod. Es una construcción trasladada desde Egipto, donde fue alzada en tiempos faraónicos, en la isla Elefantina. Su traslado y cesión, correspondiente a la ayuda prestada por España al salvamento del tesoro artístico egipcio, fue realizada por el gran arqueólogo don Martín Almagro, recientemente fallecido. Nervio del parque del Oeste es el conocidísimo paseo de Rosales de encantadoras vistas hacia los terrenos de más allá del río.

Siguiendo por la calle de la Princesa, que es hoy el barrio latino de Madrid por su cercanía inmediata a la Ciudad Universitaria, encontramos el Palacio de Liria, edificación del siglo XVIII por los duques de este título y lleno de riquezas artísticas de toda índole, entre las que hay que destacar las obras de Goya que posee. El ducado de Liria vino a unirse al de

↑ Iglesia de las Calatravas.
↖ Edificio Bancario.
← Arco del Dos de Mayo.

⬆ Iglesia de Santa Bárbara.
⬅☐ Colón. Biblioteca Nacional.
⬅ Detalle del Monumento a Colón.

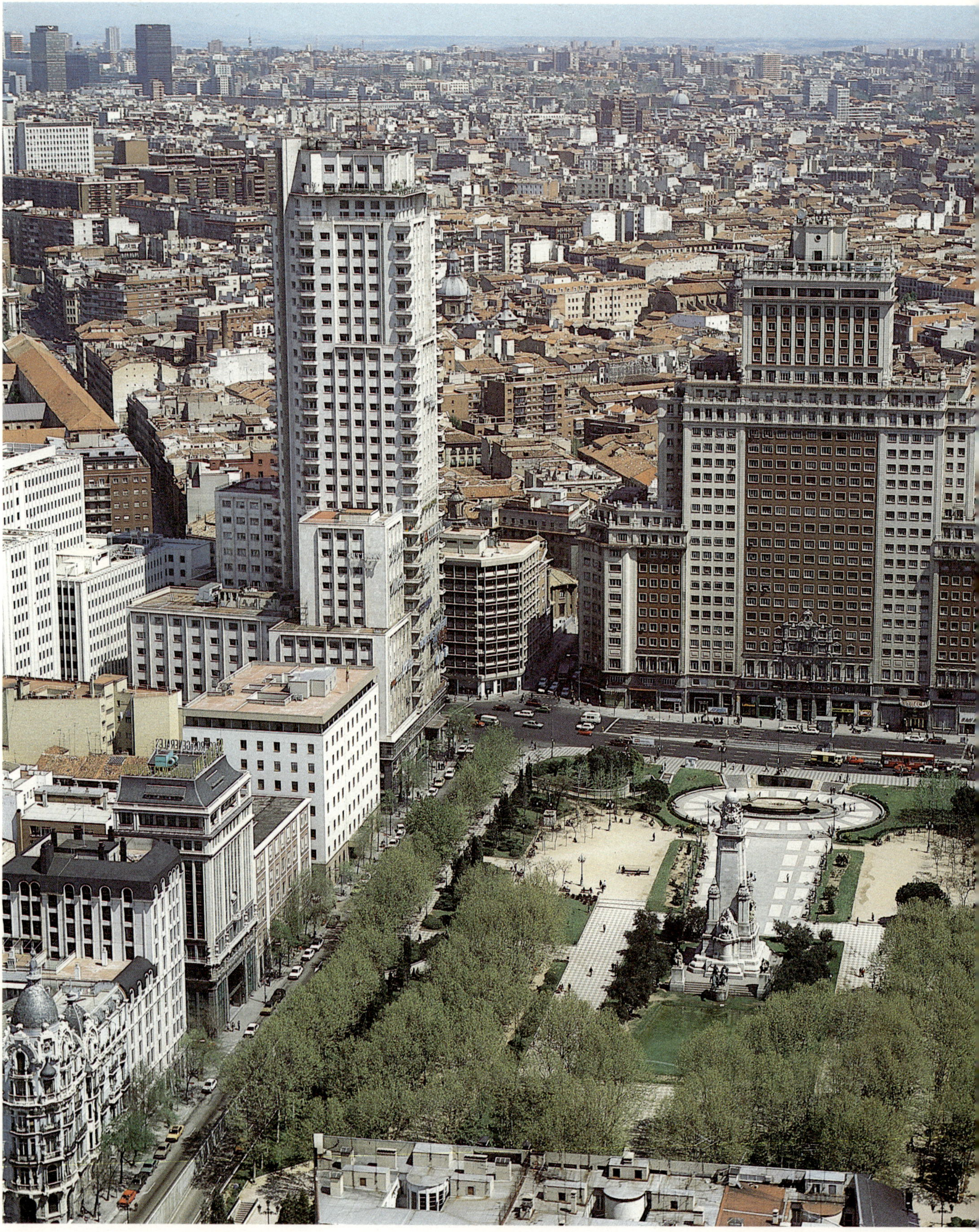

- Templo de Debod.
- Detalle del Monumento a Cervantes.
- Plaza de España.
- Edificio en la calle Ferraz.

Alba y son los duques de estos títulos —y más de treinta títulos más— los que habitan hoy este palacio con extensos jardines.

La calle de la Princesa llega a la Plaza de España. Es una gran plaza rodeada de grandes edificios de altura —obra de los Otamendi— y centrada por el monumento a Cervantes, del que forman parte las figuras adelantadas de Quijote y Sancho.

Detrás del edificio España la interesante iglesia de San Marcos, de planta ovalada y obra dieciochesca de Ventura Rodríguez. En la esquina de la Plaza de España y de la calle Ferraz interesante casa moderna que fue en su día Premio de Arquitectura.

A la plaza de España se abre el fin de la Gran Vía, que comienza en la calle de Alcalá, en las cercanías de Cibeles. Calle de modernos y, en general, no muy logrados edificios, pero llena de vida comercial y recreativa. Siguiéndola encontramos la plaza de Callao, que ha pasado con el trazado de la Gran Vía, de ser una pequeña plazuela entre callejas retorcidas a ser plaza de importancia en la comunicación y en la vida madrileña por la cercanía de varios grandes almacenes que le prestan mucho movimiento.

Por la resonancia que sus características le van dando, debemos referirnos a un barrio que ha quedado dentro del recorrido realizado, el de Maravillas o Malasaña de tanto renombre últimamente como barrio de diversión juvenil.

Centrado por la plaza del Dos de Mayo, que conserva la puerta de entrada del que fue Parque de Artillería, heroicamente defendido por los madrileños contra las tropas de Napoleón, el barrio está formado por un grupo de calles, en general estrechas, con caserío en su mayoría construido en el siglo XIX, pero en él todavía cuentan algunas casas que se levantaron en el XVIII. La antigüedad de los edificios y su falta de comodidad hizo que en gran parte fueran abandonados por sus moradores, buscando viviendas más modernas, y estos huecos fueron ocupados por gentes jóvenes, estudiantes en cierta parte, que hallaron allí vivienda barata y céntrica, aunque sin ascensores ni cuartos de baño. La existencia de este nuevo vecindario dio lugar a que nacieran bares, mesones y restaurantes —con nombres más o menos extranjeros— que dieran los servicios que este público demandaba. Así, ha venido a formarse este nuevo núcleo madrileño al que pronto ha seguido mala fama y frecuente tráfico de drogas.

- Parque del Oeste.
- Parque de San Isidro.
- Monumento a la Infanta Isabel.

⬆ Calle de la Princesa.
⬅◻ Plaza de España. Detalle.
⬅ Rosaleda.

Museos madrileños

La fama y la importancia de los fondos del Museo del Prado hacen que se olviden los restantes museos madrileños. Ninguno de ellos, ciertamente, puede llegar a la importancia que el Prado representa, pero otros tienen un valor que la proximidad de aquél les resta y muchos gran interés por el conjunto de su colección y también por su presentación.

Tras el Museo del Prado, le sigue en importancia el de la Academia de Bellas Artes de San Fernando, en su edificio propio de la entrada de la calle de Alcalá, que se levantó para palacio de los Goyeneche. El museo está formado por las obras entregadas a su ingreso por los académicos pintores, otras que pasaron a él procedentes de los conventos e iglesias desamortizados y otros, en fin, de diversas donaciones y adquisiciones. Varios e importantísimos cuadros de Goya, Velázquez y otras grandes figuras forman parte de los fondos de esta pinacoteca que se ve completada por otras pinturas de muy destacados artistas de todas las épocas.

El Museo Lázaro Galdeano, es una fundación particular que realizó con sus colecciones de arte don José Lázaro y que se expone en el que fuera su propio domicilio, en su palacete de la calle de Serrano, esquina a la de María de Molina. Se muestran series muy diversas en su temática: pintura, escultura e imaginería, armas, muebles, azabaches, porcelana, telas, cristal, relojes, abanicos, libros, grabados, y un largo etcétera que en sólo esta enumeración da idea de la importancia de la colección. Hay cuadros de Goya y de otros grandes pintores españoles y extranjeros y en distintas especialidades se muestran piezas únicas de una valía excepcional.

El Museo del Ejército, próximo a la calle de Alfonso XII, ocupa, como quedó dicho, uno de los pocos restos del que fuera Palacio del Retiro. En él se guardan uniformes y armamentos usados por el ejército español en muy distintas épocas. Objetos de valor

- Museo Lázaro Galdeano.
- Casón del Buen Retiro.
- Interior Museo Lázaro Galdeano.

↑ Biblioteca Nacional.
→☐ Escalera de la Biblioteca Nacional.
→ Museo de Artes Decorativas.

61

histórico, como los coches donde encontraran la muerte dos jefes de gobierno, Prim y Dato, una sala árabe con armas y telas de interés, maquetas de fortificaciones y armamento pesado y hasta otra sala donde una extensa colección de soldaditos de plomo, vistiendo los uniformes correspondientes a la época se ordenan según un momento de las más célebres batallas reñidas por las armas españolas.

Han ido a refugiarse en el Museo Arqueológico, situado a la espalda de la Biblioteca Nacional, objetos procedentes de muy diversa época, arte y lugar. Interesantísimas las colecciones de objetos y figurillas ibéricas, de las que son piezas fundamentales las Damas de Elche y de Baza. Ya mencionamos la reproducción de la cueva de Altamira.

En el Museo Municipal, en la calle de Fuencarral, número 78 (metro Tribunal) se guardan muy interesantes objetos y cuadros para conocer Madrid. Destaca el original grabado del plano que trazó Texeira en 1654 y la maqueta de Madrid construida por León del Palacio en 1833 y en la que se representan las calles de Madrid de la época, casa por casa, copiando fielmente la fachada de cada una de ellas y también las de los edificios principales, fuentes, etc. Un atento recorrido por esta maqueta —naturalmente de gran tamaño— nos hace conocer profundamente Madrid. Los desniveles de las calles están perfectamente reproducidos a escala, como cuanto allí se muestra. El objeto, sobre curioso y muy poco frecuente, tiene un valor documental extraordinario.

En el mismo Museo, se ofrecen reproducciones a escala de distintos edificios, algunos existentes y muchos desaparecidos, que nos los dan así a conocer. Numerosos grabados, estampas, objetos de toda índole, entre los que destaca la importante colección de piezas de porcelana del Buen Retiro y la de planos de Madrid, nos dan a conocer la Villa.

Mención especial merece el cuadro de Goya, encargado por el Ayuntamiento, «Alegoría de la Villa de Madrid», de larga y curiosa historia y la Custodia de la Villa, que para las procesiones del Corpus hizo, en 1574, el platero madrileño Francisco Alvarez y que es una obra de gran importancia.

El Museo Romántico, en las cercanías, calle de San Mateo, es la reproducción de una vivienda rica del momento romántico madrileño. Cuadros, muebles, instrumentos de

◤ Museo del Ejército.
◨ Museo Arqueológico.
◧ Sala Arabe del Museo del Ejército.

Museo Municipal.
Detalle fachada Museo Municipal.
Fuente de la Fama.

comprender movimientos artísticos actuales, por tomar con cierta perspectiva su preparación.

La casa de Lópe de Vega, en la calle de Cervantes, nos introduce en un mundo mágico. Se trata de la propia casa en donde vivió y murió el gran poeta y amueblada, en parte, con muebles y objetos que fueron suyos y completada por otros que, por su fecha, pudieran haberlo sido. Nos muestra también cómo vivían los madrileños de la clase media en el siglo XVII.

El Museo Cerralbo, en la calle Ferraz, es otra fundación particular en la que, en el que fuera el propio palacio del marqués de Cerralbo, se exhibe su colección artística copiosísima, de pintura, armas y objetos de la más diversa época y entre la que cuentan piezas verdaderamente capitales.

Puede resultar interesante una visita al Museo de Artes Decorativas, en la calle de Montalbán, que abarcando tan diversos aspectos, tanto modernos como históricos, ofrece una colección siempre interesante y valiosa en la que destaca la de Nacimientos, de todas las materias, épocas y países, y que resulta verdaderamente entrañable.

Habría que añadir quizá, aún cuando muy especializado, el Museo Taurino, en la propia Plaza de Toros de las Ventas, con objetos de distintas épocas, de valor histórico y emocional así como cabezas de toros disecadas, de ejemplares que fueron célebres por su bravura o por trágicas razones.

Y no se olvide en este capítulo de otros museos, de los que nos hemos ocupado en otros lugares de este mismo libro, como pudieran ser el propio Palacio Real y los museos visitables de las Descalzas Reales y del Monasterio de la Encarnación.

Debemos añadir el Museo de la Real Academia de la Historia (calle del León) que breve, es sin embargo de gran importancia, con interesantes objetos prehistóricos —vasos campaniformes de Ciempozuelos—, el disco de plata de Teodosio, obra de arte romano excelente, grabados,

música, adornos, todo evoca allí una época que aún cercana tiene ya para nosotros perspectiva histórica y una especial aureola.

El de Arte Moderno, en la Ciudad Universitaria, es de gran riqueza dentro del espacio histórico que abarca su acción. Tanto en pintura como en escultura tiene gran valía y las firmas de cuantos lo merecen se encuentran verdaderamente allí. Resulta muy interesante para

◣ Real Fábrica de Tapices.
◤ Telar de fabricación de tapices.
◣ Museo de Arte Moderno al aire libre. Paseo de la Castellana.

↑ Museo de Arte Contemporáneo.
← Jardines del Museo.

dibujos y pinturas y sus miles de manuscritos...

Añadamos la Real Fábrica de Tapices que continúa realizando sus labores por los viejos métodos artesanales y produciendo, así, magníficas piezas tejidas a mano, reproduciendo las obras de grandes pintores.

Fundado en la segunda mitad del siglo XVIII el Museo de América recoge objetos arqueológicos encontrados en aquel continente durante la dominación española y otros recogidos por expediciones científicas enviadas durante el siglo XVIII.

El Museo Etnológico —al final de la calle de Alfonso XII— tiene su origen en las colecciones reunidas por el doctor González Velasco, célebre cirujano que vivió en el pasado siglo. Recogen sus colecciones muestras, bien pictóricas, bien de esqueletos o de reproducciones escultóricas de individuos característicos por sus propias formaciones físicas: gigantes, pronagticos, enanos, etc., así como cuadros demostrativos de los resultados de los cruces interraciales. Abarcan desde piezas correspondientes al paleolítico hasta otras de fechas recientes.

Con lo que fueron las ricas colecciones de los condes de Valencia de Don Juan se formó a la muerte la Fundación y Museo de este nombre situado en la calle de Fortuny número 43 y albergado en el propio palacio de sus creadores, ampliado, al realizarse la fundación, con otro edificio contiguo al citado y situado sobre los que eran jardines del palacio. A las colecciones se añade una rica biblioteca. El fondo museal está formado por colecciones de distinta temática, cuya sola enumeración da idea de la riqueza e importancia del mismo. Citaremos la colección de tejidos, la mejor de todos los museos españoles, con piezas del siglo XIV, como el precioso manto rojo granadino nazarita y la bella alfombra árabe del XVI de piezas de diferentes colores incrustadas y ribeteadas de cabritilla.

La pintura está bien representada, con obras numerosas e importantes entre las que descuella el cuadro «Alegoría de los Camaldulenses», obra de El Greco y de su último y magistral período, que representa la protección de la Virgen sobre los frailes de esta Orden religiosa.

La casa ducal de Alba ha venido a reunir los títulos más importantes de Castilla y de Inglaterra y en ella han venido a llegar, por enlaces y sucesiones, casi medio centenar de títulos nobiliarios. Tienen su residencia los duques en el llamado Palacio de Liria, en la calle de la Princesa, donde viven rodeados de sus fabulosas colecciones de arte que se remontan a obras de muy lejanas fechas.

Tratándose, como se trata, de la propia residencia de los duques actuales la visita está sujeta a las normas dictadas por los propietarios.

Don Joaquín Sorolla y Bastida, el mágico pintor de la luz centelleante, nació en Valencia, pero su más larga residencia fue en Madrid, en cuyas cercanías murió en 1923. En el palacete que fue su propia casa y donde tenía su estudio de trabajo, se ha instalado el Museo a él dedicado que guarda no sólo sus propias obras en parte —la obra de Sorolla aparece en gran número de museos de Europa y América— sino también los cuadros de otros pintores amigos contemporáneos suyos y otros antiguos que él compró durante su vida.

El Museo Naval es ciertamente un museo especializado, pero pese a ello el visitante ajeno al tema marino tendrá en el mismo una grata visita. Situado en céntrico lugar, cercano a la Plaza de Cibeles, al costado del Palacio de Comunicaciones, sus fondos se iniciaron con los objetos guardados en las distintas Jefaturas y Apostaderos de Marina de la Península y de América.

Capítulo aparte suponen los Museos del Real Patrimonio: los contenidos en Palacio Real y los anejor de los conventos de las Descalzas y de la Encarnación. Hasta aquí todo de obligada visita.

◢ Detalle Casón del Buen Retiro.
◢ Museo Taurino.

Plaza de Toros. Vista aérea.
Detalle Plaza de Toros.
Monumento a los Toreros.

67

Madrid moderno

Madrid se ha duplicado en los últimos cuarenta años y ha realizado también algunas transformaciones en su interior que, a algunas zonas, le han dado nueva fisonomía. Cierto es que muchos barrios de los nuevamente construidos no merecen atención artística y algunos se muestran como verdaderas aberraciones urbanísticas, pero al menos algunos ejemplos de este nuevo Madrid queremos traer aquí.

Quizá uno de los visiblemente transformados ha sido la Castellana. Arranca ésta de la plaza de Colón.

Desapareció la primera casa de la derecha, un palacete romántico que debiera haberse salvado y que además se perdió sin ganar nada, pues nada se levanta sobre su solar. Fue la primera casa de esta vía-parque que se extendía hasta la actual plaza de San Juan de la Cruz, formada por palacios modernos, nacidos en la gran eclosión económica que produjo la Restauración de la Monarquía en la persona de Alfonso XII, hijo de la destronada Isabel II. Fue el último cuarto, productivo y provechoso, del siglo pasado.

Hoy, la casi totalidad de esas mansiones aristocráticas ha ido desapareciendo, empujadas por las nuevas formas de vida y ahogadas por la especulación. Sirva de ejemplo el que fue palacio del Presidente del Consejo de Ministros y verdadero factor de la restauración alfonsina, don Antonio Cánovas del Castillo. Daba cara a la calle de Serrano esquina a la actual de los Hermanos Becquer, con un gran jardín y huerta que llegaba hasta la Castellana y que le daba nombre —La Huerta de Cánovas—, desaparecieron jardines y huertas, desapareció el palacio y desapareció el edificio de la gran biblioteca del político e historiador. Sobre todo aquello se han levantado los altos edificios de dos o tres embajadas y un edificio bancario.

Un poco más allá, a partir de la plaza de San Juan de la Cruz, el Hipódromo, construido también en la mencionada época, ponía un

- Jardines del Descubrimiento.
- Paseo de la Castellana. Monumento a Castelar.
- Nuevos edificios en el Paseo de la Castellana.

⬆ Plaza de Colón y Jardines del Descubrimiento.

⬅☐ Ciudad Universitaria.

⬅ El «Metro» de Madrid.

definitivo tapón a la Castellana, desaparecido éste, la vía no continuó hasta después de nuestra guerra, construyéndose entonces rápidamente hasta la actual plaza de Castilla, que está centrada por un monumento dedicado a Calvo Sotelo. Ya no tuvo nunca el carácter que tenía en sus comienzos.

La Ciudad Universitaria, que se comenzó a construir durante el reinado de Alfonso XIII, quedó enteramente destruida por nuestra guerra y fue precisa su posterior reconstrucción y añadirla muchos otros nuevos edificios que completasen su función universitaria. Hoy forma un conjunto bello y atrayente donde, entre jardines, se van colocando Facultades y Escuelas.

El ferrocarril metropolitano, el «metro» en la abreviatura popular, es uno de los indispensables medios de comunicación de la gran urbe. El madrileño se encuentra en continuo crecimiento.

Acabada la capacidad de las viejas estaciones ferroviarias madrileñas, la del Norte y la de Atocha o Mediodía, fue preciso acometer la construcción de una gran estación central, que se situó en la parte norte: la estación de Chamartín.

Torrespaña es la consecuencia de la necesidad de difusión de la Televisión Española.

Algunos otros complejos arquitectónicos han ido creciendo por la Villa, ocupando solares de casas desaparecidas, alzándose en otras ocasiones sobre terrenos que eran tierras labrantías. Este último, es el caso de Torres Blancas, al inicio de la autopista de Barajas, que forma una construcción original y distinta, de indudables valores, que ha sido muy bien aceptada por la crítica.

Y por último, alusión a los dos mayores estadios de fútbol madrileños. Hay otros, pero su tamaño adelanta los construidos por el Real Madrid y el Atlético de Madrid, el uno junto a la Castellana y el otro en las orillas del Manzanares. Ambos son bien conocidos en toda España.

Añadamos por último en las cercanías de Madrid la presencia de un reciente circuito automovilístico para la práctica de las competiciones de este deporte: el circuito del Jarama.

◹ Estadio del Club Atlético de Madrid.
◀ Circuito del Jarama.
⬇ Centro Comercial MADRID 2.

70

↑ Zona AZCA.
← Estadio del Real Madrid C.F.
← Edificio en el Paseo de la Castellana.

71

↑ Estación de Chamartín.
□ → Paseo de la Castellana.
→ Torrespaña. Torre de TV.
↓ Edificio Torresblancas.

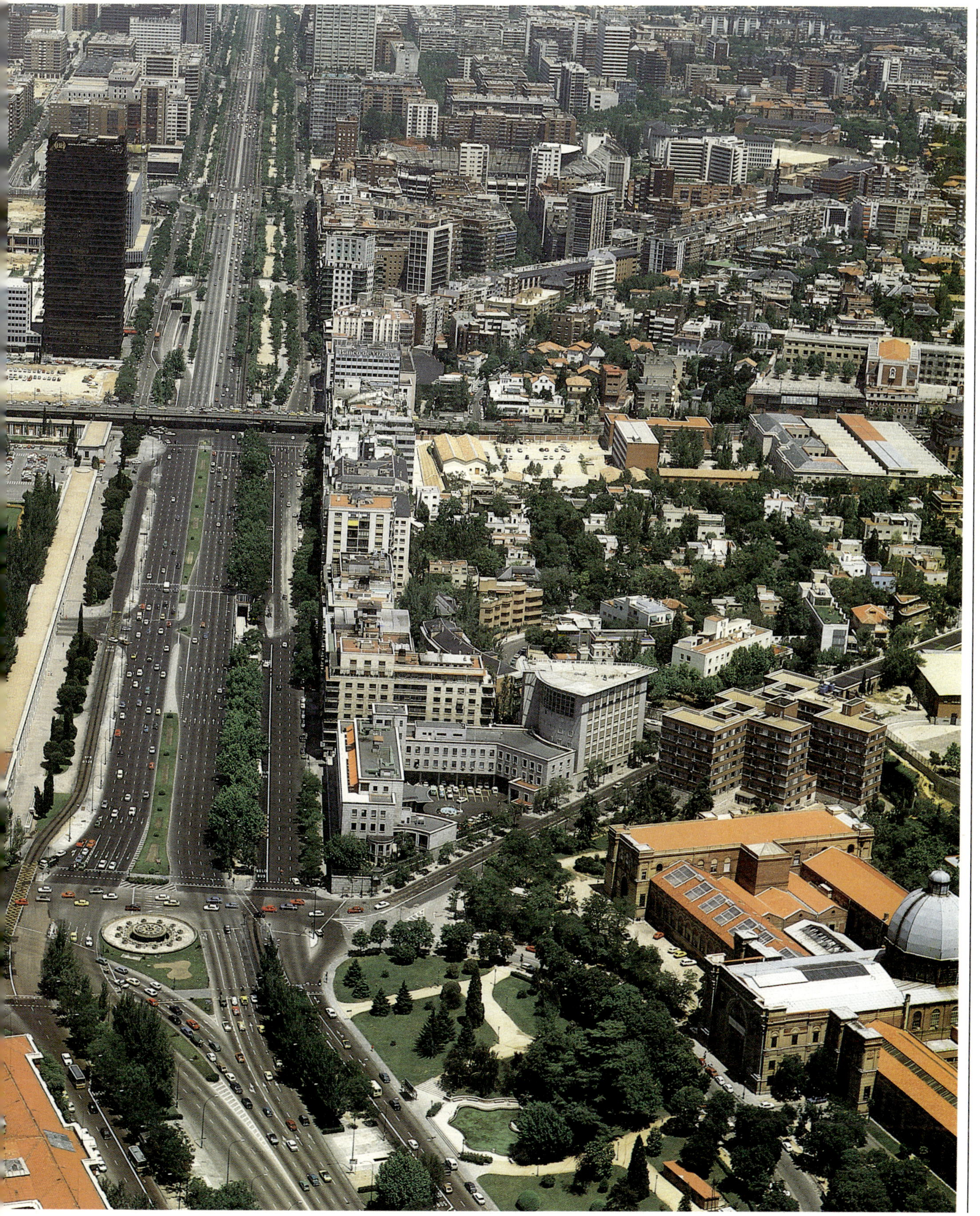

El Rastro

En el lugar donde antaño estuvieron situados mataderos e industrias de aderezo de las pieles, a lo que debe su nombre, se congrega hoy, especialmente los domingos, un mercado al aire libre que ha ganado fama internacional.

Curiosa es la historia del mercado en cuestión. En el siglo XV, reinando Juan II de Castilla, se le antojó quitar a la Villa de Madrid el señorío que le pertenecía, sobre los lugares de Griñón y de Cubas, para dárselos a un paniaguado suyo, don Luis de la Cerda. En compensación, concedió a Madrid dos ferias anuales. Las ferias, mercados libres donde la compra y venta no estaba sujeta a tributo ni carga alguno, era en la Edad Media, ocasión de prosperidad y riqueza de distintos lugares de Castilla. Estas ferias, se celebraban en San Miguel y San Mateo. Más tarde, vinieron a reunirse ambas en la segunda fecha, a final de septiembre, más útil para una economía agrícola como lo era la de la época.

El tiempo vino a quitar importancia a la vieja concesión y a degenerar las ferias en simple mercado de trastos antiguos, que recorrió distintos lugares de la Villa, hasta que vino a asentarse aquí, en la calle conocida como Ribera de Curtidores, teniendo como fecha semanal los domingos y así ha llegado hasta nuestros días.

Hubo un tiempo que, en el Rastro, se podían conseguir hallazgos extraordinarios y en la venta de viejos objetos, por quienes no conocían de la mercancía sino el precio que habían pagado por ella, se mezclaban en ocasiones pinturas, imágenes o muebles de verdadera importancia que se podían lograr a bajo precio. Todo eso ha pasado ya.

Al comienzo de la calle principal de este mercado, que se extiende también a las colaterales, en el centro de una plazuela, una estatua recuerda a Eloy Gonzalo, un madrileño entregado de niño al Hospicio de la Villa, que acabó sus días de heroica manera en la guerra de Cuba.

⬆ Junta Municipal del Distrito.
◰ Aspecto de la Ribera de Curtidores.
➡ Monumento a Eloy Gonzalo.

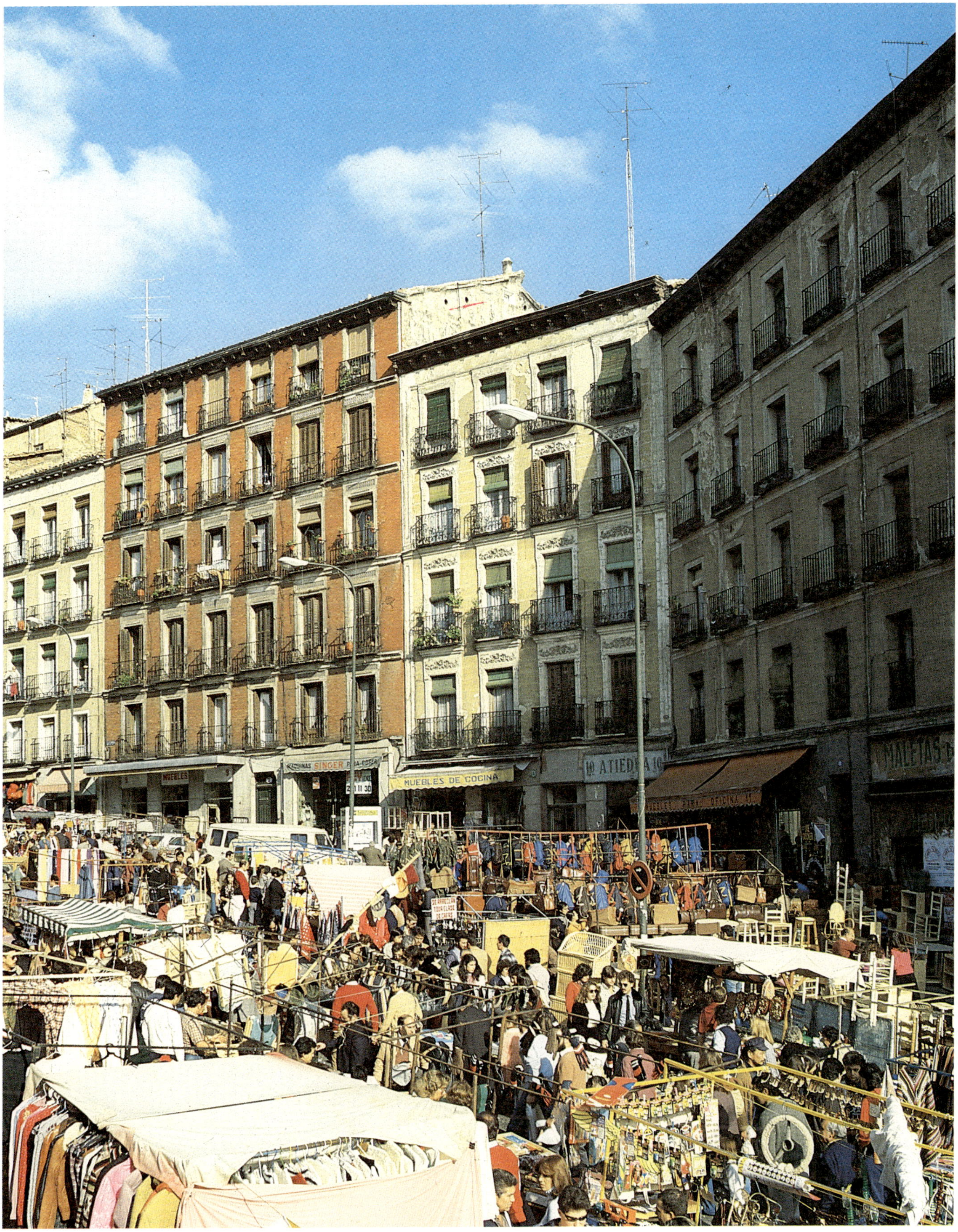
SINGER
MUEBLES
MUEBLES DE COCINA
ATIEDRA
MALETAS

Casa de Campo, Zoo y Parque de Atracciones

Fue en el siglo XVI y después de establecida la capitalidad de Madrid, cuando el rey Felipe II adquirió, a una de las familias de mayor historia madrileña, los Vargas, una extensa posesión situada a la altura de Palacio —todavía el antiguo Alcázar— pero al otro lado del río. Esta posesión es conocida como la Casa de Campo.

Quedó pues la Casa de Campo como posesión para el disfrute de los reyes y así, principalmente dedicada a cacerías, continuó por espacio de siglos. Madrid fue creciendo y la cesión a la Villa para su disfrute popular fue una natural necesidad.

Un lago, situado en su terreno, viene a aumentar las razones del disfrute popular, permitiendo el deporte del remo y hasta la pesca, siquiera éste sea limitada en las especies conseguidas.

En la extensa posesión de la Casa de Campo, se han instalado modernamente, el Zoo madrileño y el Parque de Atracciones, unidos a la Villa por carretera y líneas de autobuses, también se logra el acceso por un funicular que desde el Parque del Oeste termina en sus cercanías atravesando por el aire, suspendido de sus altos cables, el río y la Florida, por sobre la ermita de San Antonio.

El Zoo es una instalación moderna, que situa a sus acogidos en una cierta libertad y en lugares que se acercan a los de su hábitat habitual.

El Parque de Atracciones reúne buen número de las que corresponden a este género de distracciones, conjuntamente con bares y restaurantes y un gran gran auditorium.

- ↘ Monumento a Félix Rodríguez de la Fuente.
- ↑ Vista del lago de la Casa de Campo.
- ← Teleférico Rosales-Casa de Campo.
- ← Oso Panda en el Zoo de Madrid.

El Parque de Atracciones. Vista aérea.
Parque de Atracciones.
Zoológico.

La provincia. Las afueras de Madrid. El Pardo

Ya en otra ocasión nos hemos referido al Pardo al hablar de Puerta de Hierro. Posesión real fue, famoso lugar de caza desde los siglos medios. Enrique IV, el interesante y desdichado rey, pasó allí grandes temporadas, como lo habían hecho reyes anteriores por lo menos desde Alfonso XI. Carlos I hizo demoler la primitiva casa que allí había y construir un Palacio, que después fue ampliado en tiempos de Carlos III. En él murió el rey Alfonso XII y fue la residencia del anterior Jefe del Estado, General Franco. Hoy está destinado a residencia de Jefes de Estado visitantes de Madrid.

Otra antigua posesión real, la Moncloa, está ocupada hoy por el Parque del Oeste y la Ciudad Universitaria a las que ya nos hemos referido.

La Zarzuela está situada en terrenos de la Casa de Campo. Hacia 1625 comenzó la construcción del llamado Palacio de la Zarzuela, que en sus principios, fue poco más que un pabellón de caza. Lo inició el infante don Fernando, hijo de Felipe III. Fue el infante-cardenal que tuvo tan destacada vida militar en Cataluña, en Milán y sobre todo en los Países Bajos, durante la guerra de los Treinta Años.

Fue en ese lugar, durante el siglo XVII, donde se realizaron las primeras representaciones de un nuevo género teatral, cantado y recitado, que tomaría del lugar su nombre: la zarzuela. La primera que se representó fue con letra de Calderón de la Barca y el título de «El laurel de Apolo».

Hoy el Palacio de la Zarzuela, repetidamente ampliado y renovado al paso de los siglos, es la residencia de la Familia Real Española, formada el 14 de mayo de 1962, al contraer matrimonio el entonces Príncipe don Juan Carlos con doña Sofía de Schleswig-Holstein, hija de los reyes Pablo I y Federica de Grecia.

Palacio de El Pardo.
Palacio de El Pardo. Detalle interior.
Palacio de El Pardo. Biblioteca.

Patio interior del Palacio de El Pardo.
El Pardo. Jardines del Palacio.
Sala del Palacio.

79

Alcalá de Henares

Aparece Alcalá de Henares en la historia en tiempo del Imperio Romano, con el nombre de «Complutum». Engrandecida por el Emperador Trajano, conservó nombre e importancia durante la dominación goda, fue para los árabes Guad-Alcalá o Al-kala-Nahar, por su río, que de ahí le viene el nombre de Henares. Fue reconquistada por el Arzobispo de Toledo entre 1088 y 1118, que conservaría por siglos el señorío sobre el lugar. Allí se realizó por las Cortes el jurídicamente célebre «Ordenamiento de Alcalá» en 1348. El Cardenal Cisneros fundó en ella su célebre Universidad, antecedente de la madrileña, que por ella lleva el nombre de Complutense y allí hizo imprimir Cisneros la Biblia Políglota Complutense, obra cumbre del momento renacentista. La Universidad fue trasladada a Madrid en 1836 y recientemente ha sido creada en el viejo recinto universitario, de tanta tradición, una nueva Universidad.

Se trata pues de una vieja ciudad de gran abolengo y que tuvo durante siglos importancia cultural y artística preponderante. Es realmente toda ella, una gran ciudad monumental con restos romanos y de toda la época posterior hasta nuestros días.

Inútil es intentar aquí una guía de Alcalá, que requeriría un tomo como éste, a ella dedicado. Es de interés la visita detenida de su viejo recinto, especialmente de los numerosos edificios por ella desparramados de la vieja Universidad, alma durante siglos, con la de Salamanca, de la cultura española e igualmente sus muy numerosas iglesias y monasterios aún cuando muchos de ellos hayan desaparecido hoy.

Sus viejas calles parecen recordar aún el paso de los estudiantes que en ella cursaron en otros tiempos, entre los que se cuentan los nombres que pasaron después a la historia de la Literatura y también a la Historia grande de España.

Recuérdese que fue en Alcalá donde nació don Miguel de Cervantes Saavedra.

← Casa de Cervantes.
↗ Monumento a Cervantes.
↓ Murallas.

Fachada de la Universidad.
Plaza.
Iglesia Magistral. Portada. Gótica.

81

Aranjuez

Felipe II fue el que adquirió a la Orden de Santiago los terrenos donde Aranjuez está enclavado, para realizar en ellos un lugar de descanso y recreo. Durante siglos estuvo prohibido en ellos la vecindad de quien no perteneciese a la Real Casa, hasta que, ya en el siglo XVIII, el rey Fernando VI ordenó formar el plano de la nueva población.

Comenzado a construir el palacio por Felipe II, fue continuado y abandonado por los reyes siguientes hasta Carlos III, que le dio fin. Este final, que realiza naturalmente decoración y jardines, dan al Real Sitio de Aranjuez su tono dieciochesco característico y acusado.

Si interesante es la visita al Palacio y dependencias con mobiliario, decoraciones y alhajas verdaderamente excepcionales, mucho más lo es la visita a los jardines de lo que fue real posesión que tuvo especial importancia sobre todo en los reinados de Fernando VI y Carlos III, así como los de los reyes siguientes hasta Fernando VII.

La gran curva del río por el Sitio, forma parte de los propios jardines. En él, el rey Fernando VI, realizaba célebres conciertos, con la música en una falúa, a la que seguía la real y las que trasladaban, en la musical navegación, a los miembros de la Corte. Todavía un Museo alberga falúas reales, ricamente talladas, que recuerdan aquellas distracciones en las que el buen rey trataba de olvidar sus íntimos problemas.

Carlos IV hace edificar la llamada «Casita del Labrador», que hay que situar entre las pequeñas construcciones abundantes en la Europa del XVIII, destinadas al descanso en el paseo o a la merienda de los príncipes y sus íntimos. Delicadas construcciones que no llegan a palacetes, ricamente decoradas y amuebladas, son un típico capricho de una época ostentosa y delicada.

El palacio, comenzado por Juan de Herrera y Juan de Toledo, tiene poco de lo primitivo después de siglos, incendios y reconstrucciones posteriores.

↑ Jardines del Palacio. Fuente de Apolo.
↘ Detalle de los Jardines.
← Entrada al jardín del Príncipe.
→ Vista aérea del Palacio.

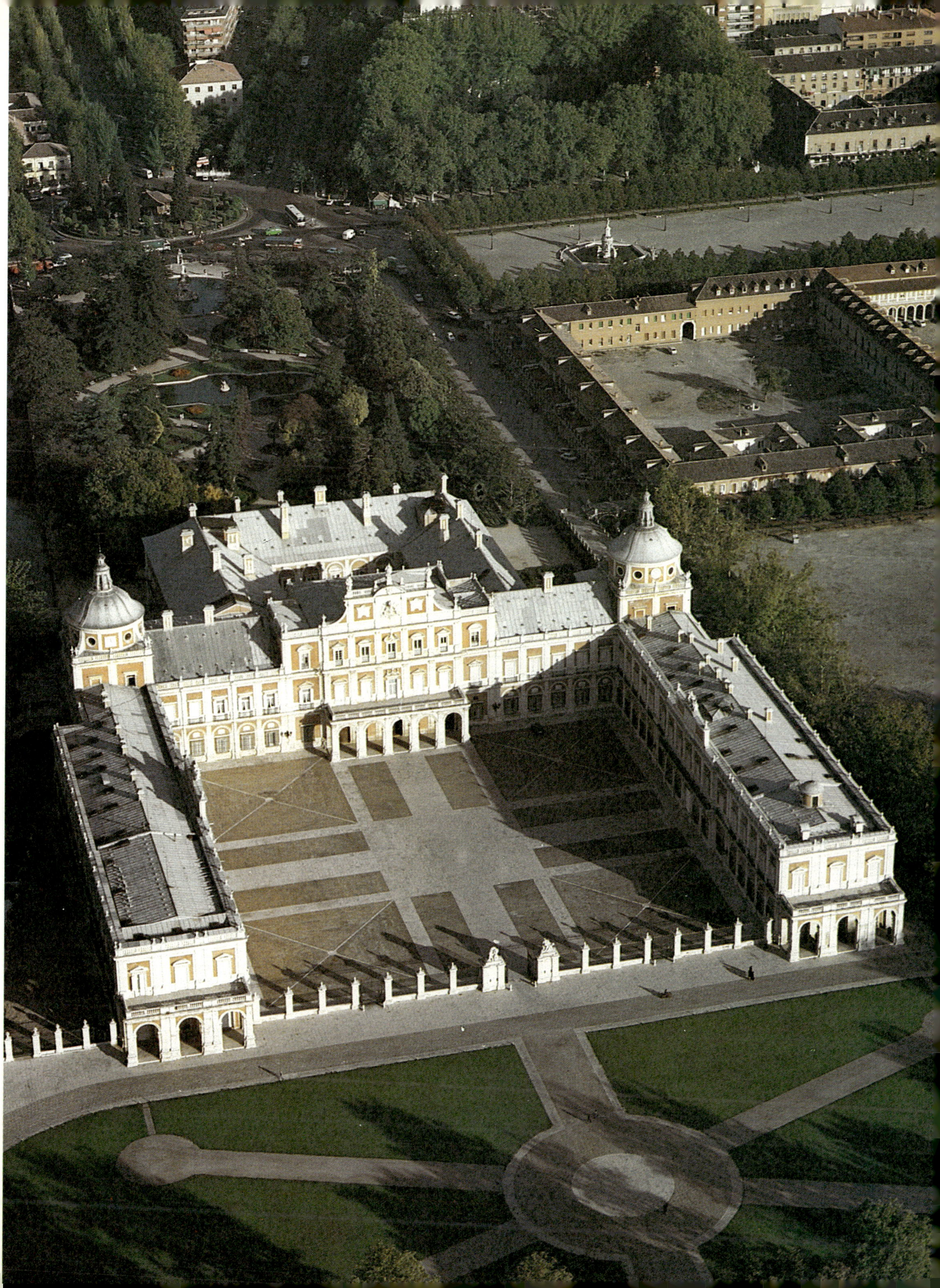

Chinchón

Extendiéndose por la cumbre y falda de un collado, dominando un valle de rica producción agrícola, se encuentra, en la provincia madrileña, la villa de Chinchón.

Con iglesia parroquial, varias ermitas, dos conventos y algunas otras instituciones, Chinchón, con sus dos castillos, que fueron fundados uno por Andrés Cabrera y otro por los condes de Puñonrostro, no tiene otro mérito singular en la vida del arte que haber sabido conservar, como un tesoro, sin cambiarla esencialmente, la vieja arquitectura urbana y popular. Su plaza mayor, resulta hoy un ejemplo magnífico de cómo fueron las viejas plazas mayores rurales de los pueblos de la meseta inferior, una geografía urbana que ha tenido buena conservación, igualmente, aunque desdichadamente no perfecta, ofrece en nuestros días un pueblo de otro momento lejano, de los que tristemente tenemos pocos ejemplos vivos.

En esa Plaza Mayor, como antaño en todas las plazas mayores, incluida la de Madrid que dio corte y aspecto a las de España y America, se siguen celebrando en las fiestas mayores corridas de toros, entre carros y talanqueras que ocultan por un momento los bellos y desiguales pórticos que rodean el espacio urbano.

Por otra parte, el hecho de que en un momento fuera cura párroco de Chichón un hermano del gran pintor Goya, hizo posible que éste pintara un cuadro de grandes dimensiones destinado al retablo mayor de la iglesia parroquial, que sigue afortunadamente conservándose en el lugar para el que fuera realizado. Esa es la otra gloria del pueblo que nos ocupa.

De antiguo, fabrica Chinchón el aguardiente de su nombre, que teniendo primero buena fama en España, ha terminado por saltar nuestras fronteras. El Chinchón, de alta graduación alcohólica, pero de delicado paladar, sigue un camino ascendente en la fama y el gusto de las gentes.

⬆ Plaza Mayor de Chinchón.
↘ Rincón típico.
➡ Parador Nacional de Chinchón.
➡ Castillo de Manzanares el Real.

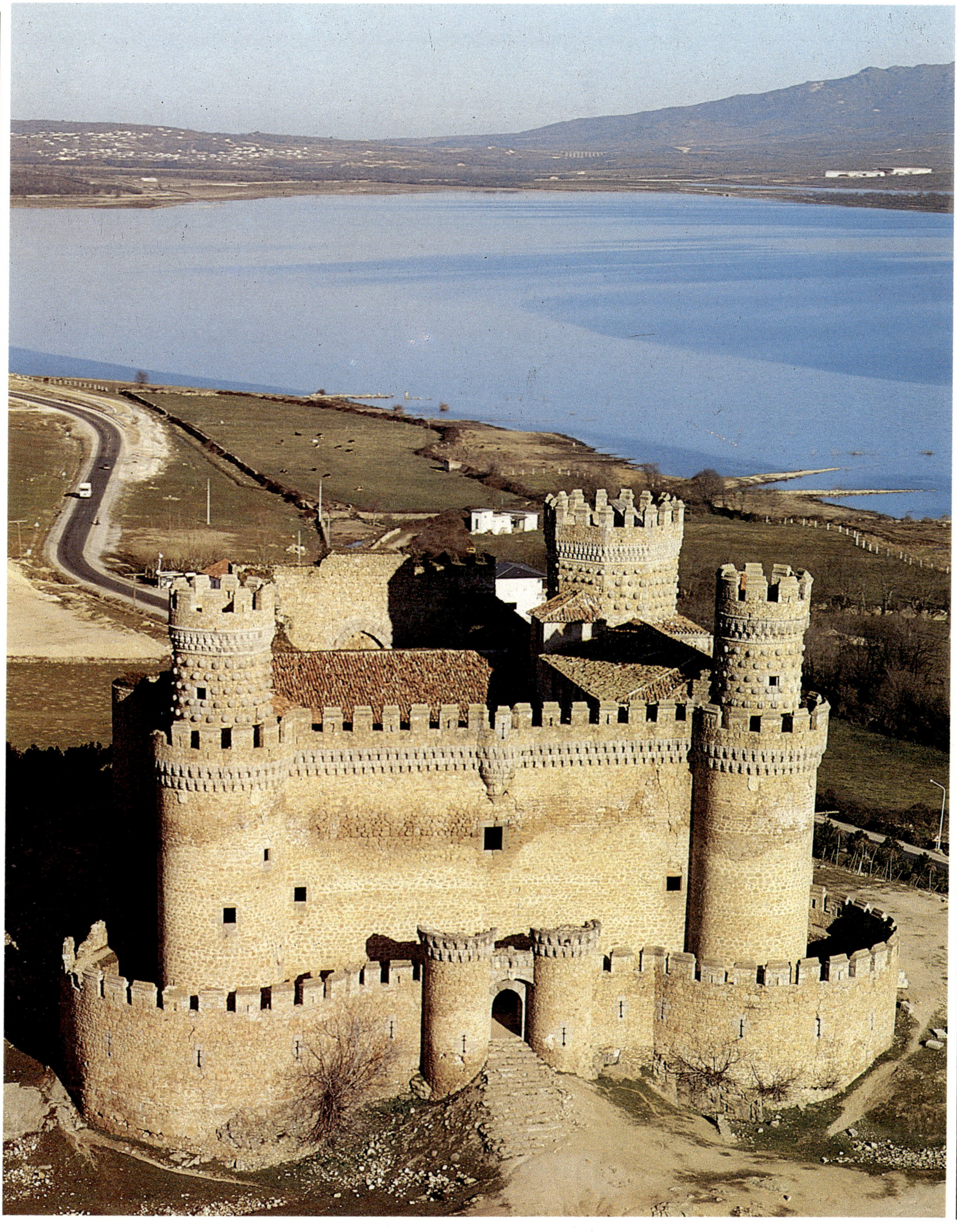

La sierra de Guadarrama. Navacerrada, Cercedilla, El Escorial y El Valle de los Caídos.

Fue un lugar serrano el elegido por el rey Felipe II para levantar el grandioso monasterio de El Escorial, sobre lo que era lugar de escombrera de vieja herrería. Dedicado a la victoria de las armas españolas en la batalla de San Quintín, que abrió a los Tercios el camino de París, en ocasión que no supo ser aprovechada, el Monasterio de El Escorial fue reputado como la octava maravilla.

Mezcla de Iglesia, Monasterio, Panteón y Residencia regia, doblada de lugar de meditación y de estudio, el grandioso y proporcionado edificio, fue dotado con generosidad regia por su fundador: libros, manuscritos, reliquias, imágenes, pinturas, orfebrería, ornamentos, todo se dio a manos llenas, haciendo del conjunto algo único y de difícil comparación.

De construcción moderna, y en las cercanías del Escorial, se alza la gran Cruz del Valle de los Caídos desafiando a los vientos serranos. En el valle de Cuelgamuros, se construyó un complejo de iglesia, cripta y lugar de estudios destinados a recibir los restos de los que murieron en uno y otro bando durante nuestra última guerra. Una gran cruz de piedra, de dimensiones colosales, se alza sobre la basílica excavada en la propia montaña, en una labor ciclópea de magníficos resultados. Al pie de la cruz gigantescas estatuas representando a los cuatro evangelistas, obra de Juan de Avalos, así como la Piedad de grandes dimensiones que se alza sobre la puerta de acceso de la Basílica. El arquitecto director de semejante obra, de impulso formidable, fue Diego Méndez.

◣ Monasterio de El Escorial. Biblioteca.
↑ Laguna de Peñalara.
◣ Miraflores de la Sierra.
← Puerto de Navacerrada.

Monasterio de El Escorial.
Cruz del Valle de los Caídos.
Interior Basílica de los Caídos.
Monasterio de El Escorial. Vista aérea.

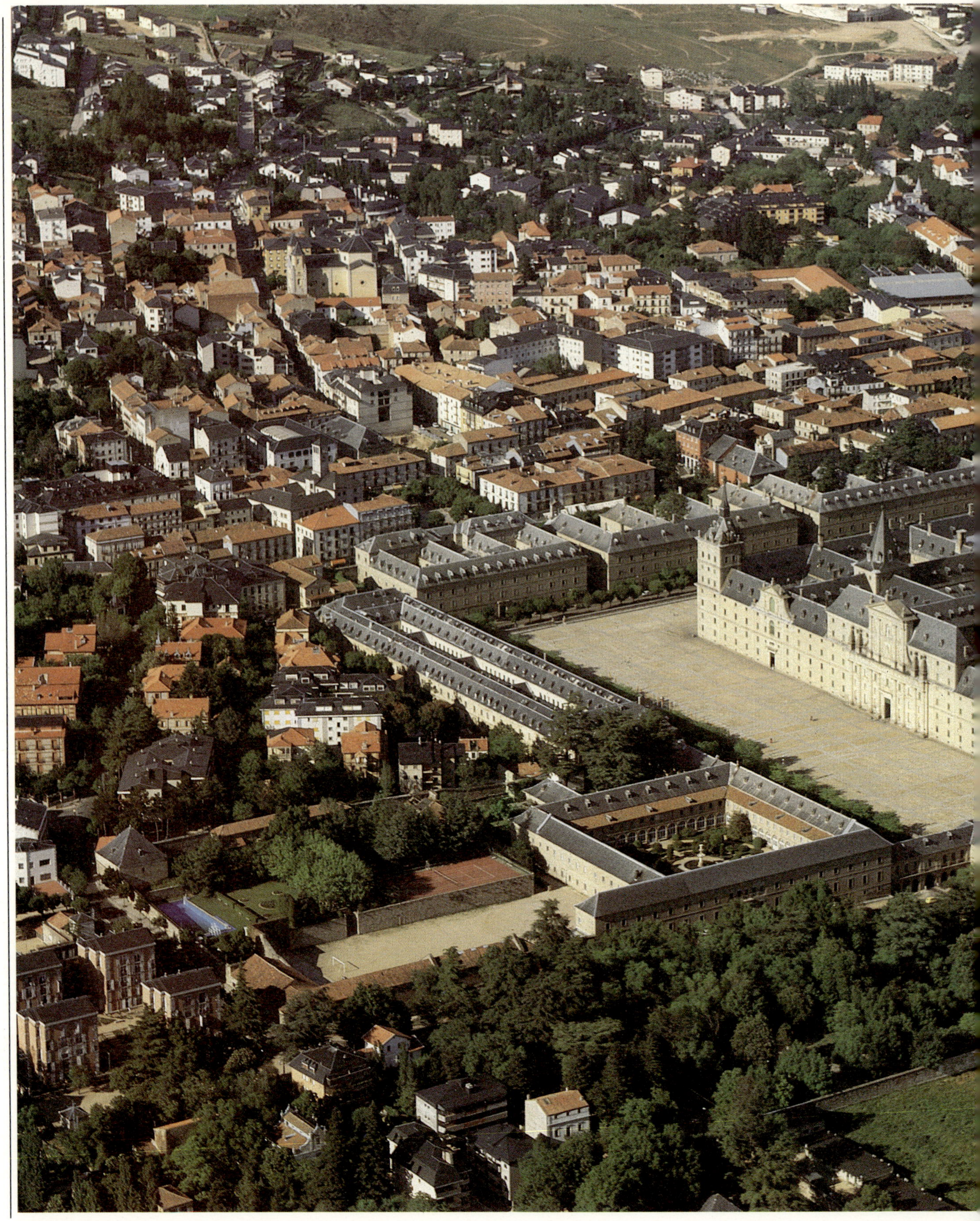

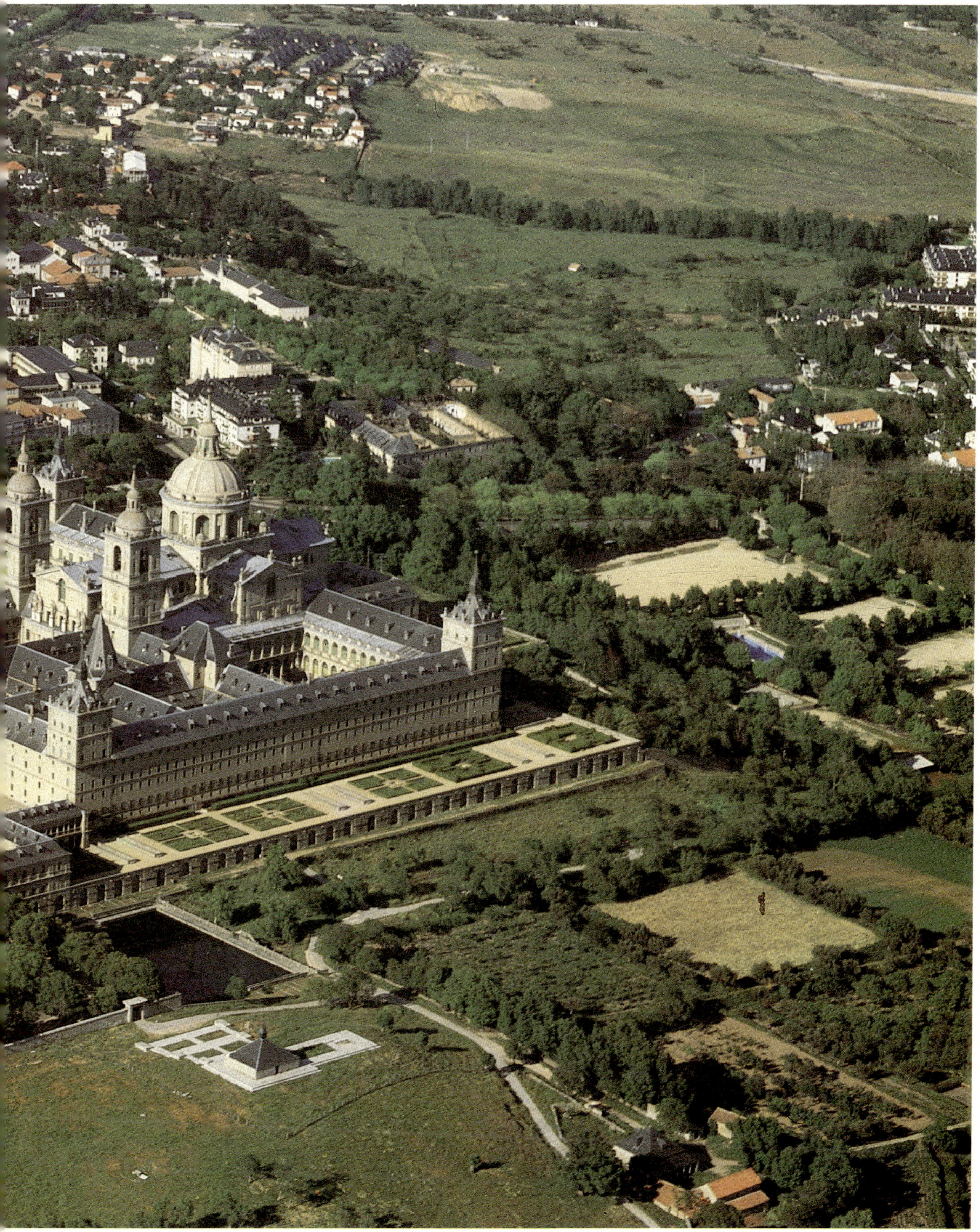

Excursiones. La sierra de Guadarrama y Segovia

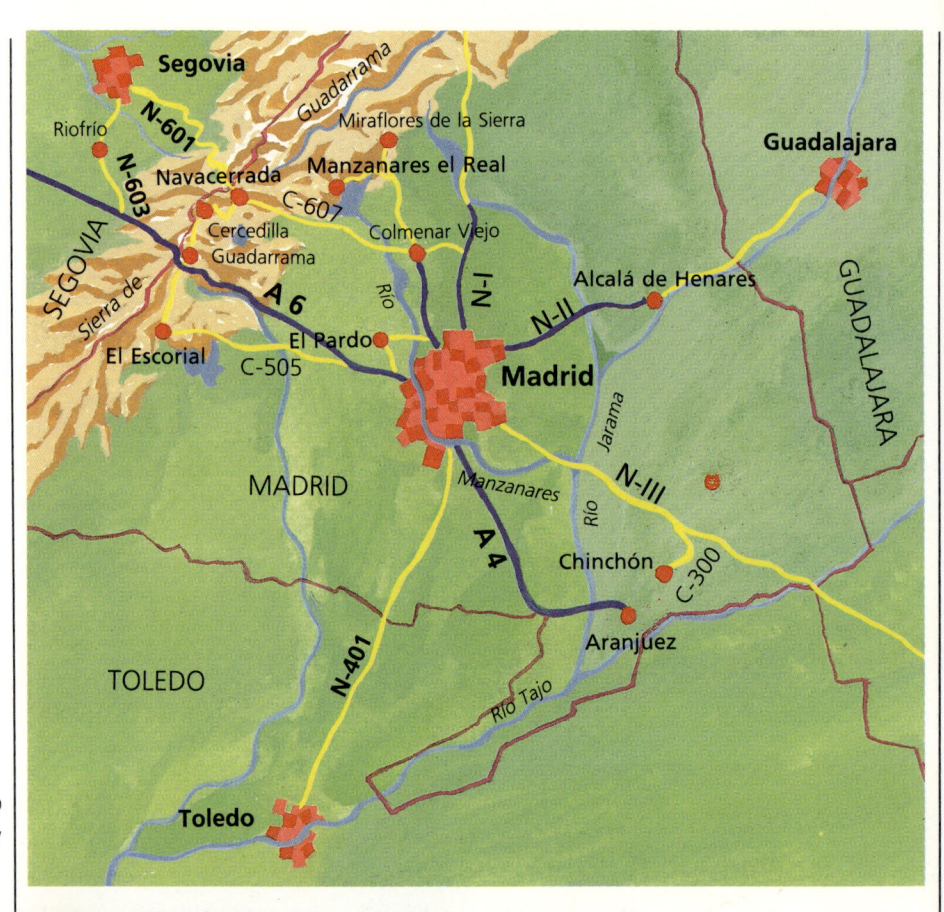

Fue ya en este siglo, cuando los madrileños se atrevieron a acercarse a la sierra. Hasta entonces había sido necesario, pero peligroso paso en el viaje desde el norte hacia Madrid, como la estampa que Goya nos presenta en su cartón para tapiz.

Descubierta la sierra, de año en año aumentó hacia ella la atracción, que verdaderamente merece. El puerto de Cotos, al pie de Cabeza de Hierro y con la cercana laguna de Peñalara, de aguas oscuras y frías al alcance, es un buen punto de excursiones y de preparación para más rigurosas ascensiones. Navacerrada es buen escenario para el esquí, allá, más lejanos, la Maliciosa y Montón de Trigo que se alzan rotundos y suaves. Hacia el otro lado de la sierra, la vertiente norte que ofrece el acceso, bello y abrupto de las Siete Revueltas.

La cercana sierra de Madrid es lugar magnífico de descanso y recreo veraniego, al abrigo de los calores de la Villa, y ya desde hace muchos años se va cubriendo de urbanizaciones y de grupos sueltos de villas, que le dan una fisonomía propia y alegre.

Segovia es una vieja ciudad de rancia historia. Ya los romanos la tuvieron en tanto aprecio que labraron para darle remedio a su sed el Acueducto famoso, que todavía se alza íntegro, orgulloso en su tramo de mayor altura sobre la, desde siglos, célebre Plaza del Azoguejo, que Cervantes citó como hito y catedral de la picaresca.

Segovia es una ciudad monumental, llena de antiguas casonas y viejos conventos, de iglesias en las que los estilos se suceden a través de los tiempos, como en un tratado de historia del arte. Su tardía y bella catedral y su Alcázar, renovado y recompuesto cien veces, tienen sin embargo un perfil bello y sugerente y sus alrededores componen una serie de lugares a visitar con provecho, entre los que habremos de anotar el Palacio y jardines de La Granja, Versalles español creado por el primer rey de la Casa de Borbón, y Valsaín, con su río lleno de encantadores recodos —la Boca del Asno— y sus inmensos pinares que encierran a un pueblo leve de casitas de madera.

◣ Segovia. La Granja.

◧ Pto. de Navacerrada.

Alcázar de Segovia.
Acueducto de Segovia.
Catedral de Segovia.

Toledo

Toledo es una verdadera ciudad-museo que hay que contar entre las primeras de Europa. En Toledo se guarda la gracia única de haberse remansado tres culturas, dejando su poso claro sobre la Imperial Ciudad. Los árabes, que la hicieron capital de uno de sus reinos peninsulares, los judíos que la vivieron y levantaron en ella una de las más prósperas comunidades de su historia, los cristianos que la hicieron cabeza de la archidiócesis con mucho más importante de España.

Toledo está llena de historia y de leyendas, tejidas amorosamente por los siglos. Puede decirse que, en nuestro recorrido por sus calles estrechas y retorcidas, por sus extrañas plazuelas, por los compases tranquilos de sus antiguos templos, no encontraremos una sola piedra, un solo trozo de hierro, que no haya visto pasar la historia y el mundo en su entorno tranquilo y quieto.

Su Catedral hay que tener en cuenta que fue y sigue siendo la cabeza de una Sede que, durante siglos y siglos, fuera más poderosa que los mismos reyes de España y como consecuencia es un conjunto de arte y de riqueza en lo que lo más delicado de cada siglo quedó como prenda del momento.

Desde muy lejanas tierras, desde la oriental isla de Creta, en el fondo del Mediterráneo, llegó hasta Toledo un extraño pintor que desde su llegada ya no volvería a salir de la ciudad y entre sus murallas vivió, creó su arte incomparable y murió. Fue Doménico Theotocopuli, más conocido en la Historia del Arte como El Greco.

Y como ciudad de rancio abolengo, poseedora de una rica artesanía, que en buena parte heredó de su pasado árabe, todavía embute el oro en el acero, pacientemente, a golpe de martillo, para crear bellos dibujos, retorcidos adornos, en los que brilla el oro sobre el acero pavonado. Sin olvidar las espadas, el acero templado, que fueron en su día famosas y apreciadas como únicas en el mundo entero y que aún siguen fabricándose como antaño.

↑ Toledo. Vista panorámica.
↘ Murallas.

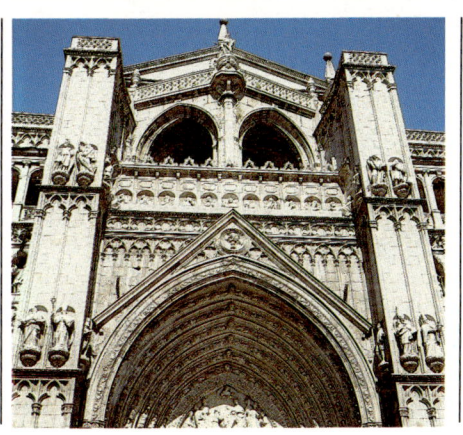

Catedral de Toledo.
Catedral. Detalle interior.
Catedral. Detalle portada.

Guadalajara y alrededores de Madrid

Desde que en 1561 Madrid fuera elegida por Felipe II como centro y cabeza de sus reinos, ha transformado violentamente sus alrededores.

Muchos fueron los factores que influyeron para llegar a este triste resultado. El primero, quizá, la necesidad de madera para atender a la siempre creciente necesidad de nuevas construcciones en la Villa, de otra la necesidad de roturar nuevos campos donde obtener productos que alimentaran a una urbe que cada día iba haciéndose mayor y cuajando mayores necesidades. La habitual sequía de estas tierras debió ayudar también en esta tarea de desertización, hasta llegar al estado actual.

Ya en el siglo XVII asombraba a los extranjeros que llegaban hasta Madrid la aparición, sin anuncio, de la gran ciudad en medio de la estepa de la meseta de la baja Castilla.

Así se ha transformado el campo de Madrid. Hoy, salvo Aranjuez, que se presenta como un oasis al viajero, o la riqueza todavía considerable de la vecina sierra, los campos de Madrid son tierras de pan llevar que cada vez más, ven invadidos sus terrenos por nuevas construcciones que se ensanchan, al parecer sin fin. Y si Madrid creció y creció a través de los tiempos ha llegado ya hace años la hora de que los pueblos de su cinturón crezcan también desmesuradamente, ocupando lo que hasta ayer fueron campos de trigo o huertas donde nacían tomates y pimientos.

Como única referencia en altura, en la llanada, ya casi tocando el caserío, un cerro aislado, que se tiene como el punto central geográfico de España: el Cerro de los Angeles, donde desde muy antiguo la piedad levantó un santuario dedicado al Corazón de Jesús que sobre aquella loma eleva la figura del Redentor alzada sobre los campos, visible a gran distancia.

Más lejos, más allá de Alcalá, a la que nos hemos referido, una vieja ciudad que tuvo larga decadencia después de gran riqueza y hoy ha empezado a resurgir: Guadalajara.

↑ Cerro de los Angeles.
← Universidad de Alcalá de Henares.
↘ Palacio Arzobispal de Alcalá de Henares.

Guadalajara. Palacio de los Duques del Infantado.

Guadalajara. Pantano de Entrepeñas.

Guadalajara. Sigüenza.

95

Sobre la cocina madrileña

Madrid es el centro indudable de la gastronomía española, pues en su recinto es posible encontrar lugares en los que se ofrecen al curioso todas las cocinas regionales; pero, junto a este lujo en cocinas foráneas, Madrid también tiene su cocina propia, una cocina con ribetes manchegos, que tomó cuerpo en el siglo XVI cuando por determinación de Felipe II la Villa se convirtió en capital de las Españas y a ella afluyeron notables cocineros franceses, flamencos y especialmente italianos.

La literatura gastronómica madrileña puede decirse que se inicia con el «Libro del Arte de Cozina», que escribió Diego Granado con abrumadora influencia italiana y se editó en Madrid el año 1599. Fue seguido en 1611 por el «Arte de Cocina» de Francisco Martínez Montiño, cocinero real, impreso igualmente en Madrid, y que contiene un perfecto panorama de cómo se comía en la corte de Felipe III usando una cocina internacionalizada, pero en la que se recogían algunas recetas de genuina raigambre hispánica.

Como muestra de los figones de aquella época, sobrevivió hasta fecha muy reciente la clásica hostería de Botín, emplazada en la Plaza de Herradores desde 1620, fecha en que se fundó; este establecimiento se hizo famoso por sus hojaldres y, sobre todo, por sus corderos y cochinillos asados con una técnica a la que dio en llamarse «a la madrileña». Además de este mesón fueron varios los que tuvieron fama por su cocina, que en ocasiones fue celebrada por los escritores del Siglo de Oro, entre otros, el llamado «Mesón de Paredes», antes de «La Fama», de donosa historia, «La Posada del Dragón», que tomó este nombre por la famosa sierpe de Puerta Cerrada, el del «León de Oro», el «de la Villa», el «del Segoviano» y algunos más, muchos de ellos maltratados por los escritores franceses que los visitaron.

Realmente hasta fines del siglo XIX no se distinguió la Villa por la calidad de sus casas de comidas y fondas, que fueron denigradas en los escritos de Larra; pero a pesar de ello ha llegado a nosotros el renombre de algunas, como «La Fontana de Oro», que en 1760 fue establecida en la Carrera de San Jerónimo, nido de conspiradores y exaltados que tanta importancia adquirió en las algaradas políticas de la época. La «Fonda de San Sebastián» fue fundada por los hermanos Gippini en la calle de Atocha, corriendo el año 1767 y en ella tenía su tertulia don Nicolás Fernández de Moratín. Contemporánea a este establecimiento fue la «Fonda de Genieys», sita en la calle de la Reina, lugar de reunión de muchos escritores románticos y donde se hospedó el compositor Joaquín Rossini, tan aficionado a la buena mesa.

A finales del siglo XIX se depuró mucho el gusto de los madrileños, sin duda por las influencias recibidas del exterior y por la constante labor de algunos escritores, como el «Dr. Thebussem», la condesa de Pardo Bazán, Angel Muro, Juan Valera, Castro y Serrano y algún otro, y se montaron en Madrid algunos restaurantes a nivel de los mejores extranjeros. Así era «Tournié», en la calle Mayor, con una cocina muy original y depurada, entonces a muy altos precios; también, en un plano algo inferior, estaban «Los Burgaleses», en la calle del Príncipe. Pero cuando se deseaba comer bien, sin excesivas pretensiones, especialmente mariscos o pescados, se hallaba en esta misma calle «La Viña P.». Competía con ventaja con todos ellos «L'hardy», en la Carrera de San Jerónimo, centro de reunión del gran mundo, que aún subsiste conservando el rescoldo de su pasada fama. Era muy frecuentado por los intelectuales, los políticos y todos los famosos el restaurante «Fornos», en la calle de Alcalá esquina a la de Peligros, en cuyos comedores reservados se desarrollaron tantos episodios de la vida social española, entonces tan cambiante y azarosa. Merece nombrarse el «Petit Fornos», en la calle de Capellanes, un cenáculo de bohemios y noctámbulos, y otros muchos que se quedan en el tintero para no hacer este relato interminable.

Después, en los tiempos contemporáneos, la vida española ha cambiado mucho y se puede comer en Madrid en lugares que soportan sin desdoro la comparación con los mejores del extranjero, pero no van a mencionarse para no herir susceptibilidades sin intención de hacerlo; que su comentario quede para otra pluma que pueda contemplar el panorama actual con mayor visión de perspectiva.

José Luis.

Direcciones y teléfonos útiles

Ayuntamiento: Información, Plaza de la Villa, 5. Tel. 248 10 00.
Plaza Mayor, 27. Tel. 266 66 00.
Policía Municipal: Urgencias. Tel. 092.
Policía, Cuerpo General: Urgencias. Tel. 091.
Delegación del Gobierno en la Autonomía: Mayor, 69. Tel. 479 30 11.
Gobierno Autonómico.
Seguridad Social: Urgencias. Tel. 734 55 00.
Renfe: Alcalá, 44. Información. Tels. 733 22 00 y 733 30 00.
Aeropuerto de Barajas: Información. Tels. 205 43 72 y 231 44 36.
Bomberos. Tel. 232 32 32.
O.R.A.: Alberto Aguilera, 20. Tel. 447 17 09.
Teléfono de la Esperanza. Tel. 239 20 31.
Radio-Teléfono Taxi. Tel. 247 82 00.
Radio-Taxi. Tel. 409 90 00.
Teletaxi. Tel. 445 90 08.
Centro Asistencial Drogas Cruz Roja: Fuencarral, núm. 8. Tel. 429 38 13.
Tele-Ruta. Tel. 441 72 22.
Meteorología. Tel. 094.
Estado pavimentos y carreteras convenientes. Tel. 253 16 00 (ext. 2397).
O.R.A.: Alberto Aguilera, 20. Tel. 447 07 13.
Información municipal y turística: Plaza de la Villa, 3. Tel. 266 66 00.
ZOO: Casa de Campo. Tel. 711 99 50.
Parque Atracciones: Casa de Campo. Tel. 463 29 00.
Canódromo: Vía Carpetana, 57. Tel. 471 21 00.
Hipódromo de La Zarzuela: Carretera La Coruña, km. 7. Tel. 207 01 40.
Gran Casino de Madrid: Carretera La Coruña, km. 28,3. Tel. 859 03 12.
Información cultos religiosos todos idiomas. Tel. 241 48 04.

Agencias de viajes

ARION TOURS Av. Mediterráneo, 44 Tel. 433 11 54
Club de Vacaciones: Goya, 23. Tel. 276 24 08.
Juliatours: Capitán Haya, 38. Tel. 270 43 00.
Pullmantur: Plaza Oriente, 8. Tel. 241 18 07.
Turavia: Vizconde de Matamala, 7. Tel. 246 30 00.
Turvisa: San Bernardo, 5-7. Tel. 241 92 10.
Trapsatur: San Bernardo, 23. Tel. 241 44 07.
Urituvi: Gran Vía, 55. Tel. 247 29 55.
American Express: Plaza Cortes, 2. Tel. 222 11 80.
Wagons Lits Cook: Alcalá, 23. Tel. 433 56 00.
Viajes El Corte Inglés: Preciados, 3. Tel. 221 38 58.
Marsans: Alberto Alcocer, 19. Tel. 458 11 50.
Viajes Meliá: Princesa, 25. Tel. 247 55 00.
Ecuador: Carrera San Jerónimo, 19. Tel. 221 46 04.

Líneas aéreas

Iberia: Información, Cánovas del Castillo, 4. Tel. 411 25 45.
Aviaco: Maudes, 51. Tel. 234 46 00.
Spantax: Paseo de la Castellana, 181. Tel. 279 69 00.
Lufthansa: Gran Vía, 88. Tel. 247 19 07.
Aerolíneas Argentinas: Princesa, 12. Tel. 247 47 00.
British Airways: Gran Vía, 68. Tel. 247 53 00.
Air France: Gran Vía, 55. Tel. 247 20 00.
KLM: Gran Vía, 59. Tel. 247 81 00.
Alitalia: Princesa, 1. Tel. 247 46 05.
Kuwait Airwais: Princesa, 1. Tel. 242 03 17.
Aeroméxico: Princesa, 1. Tel. 247 99 00.
Varig. Gran Vía, 88. Tel. 248 62 04.
TWA: Gran Vía, 68. Tel. 247 42 00.
Aeroflot: Princesa, 25. Tel. 241 99 34.
Swissair: Gran Vía, 88. Tel. 247 92 07.
British-Airways: Gran Vía, 68. Tel. 248 78 06.
Sabena: Gran Vía, 88. Tel. 241 89 05.
SAS: Gran Vía, 88. Tel. 247 17 00.

Automóviles

Citröen: Doctor Esquerdo, 62. Tel. 274 78 00.
Renault: Avenida de Burgos, 89. el. 766 00 00.
Seat-Audi-BMW: Paseo de la Castellana, 278. Tel. 215 33 40.
Talbot, Peugeot: Carretera de Villaverde, km. 7,5. Tel. 797 26 00.
Fiat: Habana, 74. Tel. 747 11 11.
Mercedes: Don Ramón de la Cruz, 105. Tel. 401 60 00.
Volvo: Paseo de la Castellana, 130. Tel. 262 22 07.
Ford: Paseo de la Castellana, 135. Tel. 279 95 00.

Asistencia

Real Automóvil Club, Race: Abascal, 10. Tel. 447 32 00.
ADA: A. Herrero, 9. Tel. 450 10 00.
Europ Assistance: Orense, 2. Tel. 456 39 99.

Alquiler

Regent-Car: Avenida Reina Victoria, 13. Tel. 234 10 04.
Avis: Gran Vía, 60. Tel. 247 20 48.
Hertz: Edificio España, local 18. Tel. 242 10 00.
Europcar: Orense, 29. Tel. 455 99 31.
Estación Sur Autobuses: Canarias, s/n. Tel. 468 42 00.

Museos

Museo del Prado: Paseo del Prado, s/n. Tels. 239 06 15 y 468 09 50.
Museo Arqueológico: Serrano, 13. Tels. 403 65 59 y 403 66 07.
Museo de Arte Contemporáneo: Juan de Herrera, 2. Tels. 449 71 50 y 449 24 53.
Museo de América: Avenida Reyes Católicos, 6. Tels. 449 24 53 y 449 26 41.
Palacio de Velázquez: Parque del Retiro. Tels. 274 77 75 y 274 20 42.

Museo Nacional de Etnología: Alfonso XII, 68.
Tel. 230 64 18.
Museo de Artes Decorativas: Montalbán, 12.
Tel. 221 34 40.
Museo Lázaro Galdiano: Serrano, 122.
Tels. 261 60 84 y 261 49 79.
Museo Naval: Montalbán, 2. Tel. 221 04 19.
Museo del Pueblo Español: Atocha, 106.
Tel. 228 50 39.
Museo Romántico: San Mateo, 13.
Tel. 448 10 71.
Museo Sorolla: General Martínez Campos, 37.
Tel. 410 15 84.
Museo de Cera Colón: Plaza Colón.
Tel. 419 22 82.
Museo Cerralbo: Ventura Rodríguez, 17.
Tel. 247 36 46.
Museo del Ejército: Méndez Nuñez, 1.

Tel. 222 06 28.
Museo Municipal: Fuencarral, 78.
Tel. 221 66 56.
Museo Nacional de Etnología: Alfonso XII, 6.
Tel. 239 59 95.
Casón del Buen Retiro: Felipe IV, 13.
Tel. 230 91 14.
Anexo Casón del Buen Retiro: Alfonso XII, 28.
Tel. 230 91 14.
M. Nacional Reproducciones Artísticas: Edificio
M. Américas. Tel. 244 14 47.
Museo Taurino: Plaza Monumental de las
Ventas. Tel. 255 18 57.
Palacio Real: Bailén, s/n. Tel. 248 74 04.
R. Academia Bellas Artes: Paseo Recoletos, 20.
Tel. 276 25 64.
Fundación Casa de Alba: Princesa, 20.
Tel. 247 66 06.

Fábrica Nacional de Moneda y Timbre: Doctor
Esquerdo, 36. Tel. 274 50 05.
Monasterio Descalzas Reales: Plaza Descalzas
Reales, 3. Tel. 222 06 87.
Monasterio de la Encarnación: Plaza
Encarnación, 1. Tel. 247 05 10.
Banco de España: Alcalá, 50. Tel. 446 90 55.
Capilla del Obispo: Plaza Marqués de Comillas,
s/n. Tel. 265 49 63.
Instituto Valencia de Don Juan: Fortuny, 43.
Tel. 419 87 74.
Museo Escultura al Aire Libre: Paseo de la
Castellana.
Colección Benedito: Juan Bravo, 4.
Tel. 275 46 87.
Palacio de El Pardo: El Pardo. Tel. 222 28 65.

Teatros

Teatro Alcalá-Palace: Alcalá, 90. Tel. 435 46 08.
Teatro Bellas Artes: Marqués Casa Riera, 2.
Tel. 232 44 37.
Teatro Calderón: Atocha, 18. Tel. 239 13 33.
Centro Cultural Villa de Madrid: Plaza de
Colón.
Teatro de la Comedia: Príncipe, 14.
Tel. 221 49 31.
Teatro Cómico: Paseo de las Delicias, 41.
Tel. 227 45 37.
Teatro Español: Príncipe, 25. Tel. 429 62 97.
Teatro Espronceda-34: Espronceda, 34.
Tel. 442 76 50.
Teatro Fígaro: Doctor Cortezo, 5.
Tel. 239 16 45.
Teatro Fuencarral: Fuencarral, 133.
Tel. 248 27 48.
Teatro Infanta Isabel: Barquillo, 24.
Tel. 221 47 78.
Teatro La Latina: Plaza Cebada, 2.
Tel. 265 28 35.
Teatro Lara: Corredera Baja de San Pablo, 15.
Tel. 232 82 12.
Teatro Maravillas: M. Malasaña, 6.
Tel. 447 41 35.
Teatro Martín: Santa Brígida, 3. Tel. 231 63 93.
Teatro Monumental: Atocha, 65.
Tel. 227 12 14.
Teatro Muñoz Seca: Plaza del Carmen.
Tel. 221 90 47.
Teatro Príncipe Gran Vía: Tres Cruces, 10.
Tel. 221 80 16.
Teatro Reina Victoria: Carrera San Jerónimo, 22.
Tel. 429 58 90.
Teatros del Círculo: Círculo Bellas Artes, Alcalá,
42. Tel. 231 33 37.

Teatro María Guerrero: Tamayo y Baus, 4.
Tel. 419 47 69.
Sala Olimpia: Plaza de Lavapiés. Tel. 227 46 22.
Teatro de la Zarzuela: Jovellanos, 4.
Tel. 429 82 16.

Restaurantes-Espectáculo

Florida Park: Parque del Retiro. Tels. 273 78 04
y 273 78 05.
La Terraza de Mayte: Plaza República Argentina,
núm. 5. Tel. 261 86 06.
Noches de Cuplé: Palma, 51. Tel. 232 71 75 y
232 71 16.
Rancho Criollo: Carretera de La Coruña,
km. 17. Tel. 637 50 36 y 637 17 11.
Scala Meliá Castilla: Rosario Pino, 7.
Tel. 450 44 00.

Restaurantes

Al-Mounia: Recoletos, 5. Tel. 275 01 73. Cocina
marroquí.
Alkalde: Jorge Juan, 10. Tel. 276 33 59. Cocina
vasca y sudamericana.
Asador Donostiarra: Pedro Villar, 14.
Tel. 279 62 64. Cocina vasca tradicional.
Ascot: Plaza de la Moraleja (Alcobendas).
Tel. 650 13 53. Cocina centroeuropea
e internacional.
Bajamar: Gran Vía, 78. Tel. 248 59 03. Mariscos
y pescados.
Balthasar: Juan Ramón Jiménez, 8, Hotel
Eurobuilding. Tel. 457 91 91. Cocina
internacional.
Balzac: Moreto, 7. Tel. 239 19 22. Interesantes
innovaciones.

Bellman: Hotel Suecia, Marqués de Casa Riera, 4. Tel. 231 69 00. Cocina escandinava, smoörgasbord.
Cabo Mayor: Juan Hurtado de Mendoza, 11. Tel. 250 87 76. Cocina imaginativa.
Café de Oriente. Plaza de Oriente, 2. Tel. 241 15 74. Cocina de lujo.
Clara's: Arrieta, 2. Tel. 242 00 71. Cocinas francesa y portuguesa.
Club 31. Alcalá, 58. Tel. 231 00 92. Cocina clásica.
Colony: Alberto Alcocer, 43. Tel. 250 64 99. Cocina franco-libanesa.
Combarro: Reina Mercedes, 12. Tel. 254 77 84. Mariscos y pescados.
De Funy: Víctor Andrés Belaúnde, 1. Tel. 259 72 25. Cocina libanesa.
El Amparo. Callejón de Puigcerdá, 8. Tel. 431 64 56. Refinada nueva cocina.
El Bodegón: Pinar, 15. Tel. 262 31 37. Alta cocina clásica.
El Circo: Ortega y Gasset, 29. Tel. 276 01 44. Cocina moderna.
El Cosaco: Alfonso VI, 4. Tel. 265 35 48. Cocina rusa.
El Espejo: P.º de Recoletos, 31. Tel. 410 25 25. Cocina tradicional.
El Faisán de Oro. Bolivia, 11. Tel. 259 30 76. Alta cocina imaginativa.
El Gran Chambelán. Ayala, 46. Tel. 431 77 45. Cocina de categoría.
El Landó: Plaza de Gabriel Miró, 8. Tel. 266 76 81. Alta cocina típica.
El Pescador: Ortega y Gasset, 75. Tel. 401 30 26. Pescados y mariscos.
Edelweiss: Jovellanos, 7. Tel. 221 03 26. Cocina alemana y española.
El Escuadrón: Tamayo y Baus, 8. Tel. 419 28 30. Alta cocina tradicional.
Gaztelupe: Comandante Zorita, 37. Tel. 253 51 52. Cocina vasca de lujo.
Guria: Huertas, 12. Tel. 239 16 36. Cocina vasca clásica.
Gure-Etxea: Plaza de la Paja, 12. Tel. 265 61 49. Tradicional cocina vasca.
Horcher: Alfonso XII, 6. Tel. 222 07 31 y 232 35 96. Lujosa cocina centroeuropea.
Horno de Santa Teresa: Sta. Teresa, 12. Tel. 419 02 45. Cocina tradicional.
Hotel Ritz: Plaza de la Lealtad, 5. Tel. 221 28 57. Cocina lujosa y aristocrática.
Irizar-Jatetxea: Jovellanos, 3. Tel. 231 45 69. Cocina vasca moderna.
Itxaso: Capitán Haya, 58. Tel. 450 64 12. Cocina vasca de lujo.
Jockey: Amador de los Ríos, 6. Tel. 419 10 03. Alta cocina clásica de lujo.

José Luis: Rafael Salgado, 17. Tel. 250 41 98. Cocina tradicional y vasca.
L'Alsace: Domenico Scarlatti, 5. Tel. 244 40 75. Cocina alsaciana.
La Almoraima: Hotel Los Gasgos, Diego de León, 3. Tel. 262 66 00. Cocina internacional.
La Dorada: Orense, 64-66. Tel. 270 20 04. Pescados y guisos andaluces.
La Fonda: Lagasca, 11, y Príncipe de Vergara, núm. 211. Tel. 403 83 01 y 250 61 47. Alta cocina catalana.
La Fuencisla: San Mateo, 4. Tel. 221 61 86. Cocina tradicional española.
La Gabarra: Santo Domingo de Silos, 6. Nueva cocina de lujo.
La Máquina: Sor Angela de la Cruz, 22. Tel. 270 61 05. Cocina asturiana de lujo.
La Marmite: Plaza de San Amaro, 8. Tel. 279 92 61. Cocina clásica francesa.
La Trainera: Lagasca, 60. Tel. 435 89 54. Mariscos y pescados.
Las Cumbres: Alberto Alcocer, 32. Tel. 458 76 92. Fritura andaluza.
Las Cuatro Estaciones: General Ibáñez Ibero, 5. Tel. 253 63 05. Cocina de temporada.
Las Reses: Orfila, 3. Tel. 419 10 13. Carnes.
Las Vigas: Prim, 15. Tel. 231 83 44. Cocina nueva y repostería.
L'Hardy: Carrera de San Jerónimo, 8. Tel. 222 22 07, abierto en 1839.
Los Remos: Carretera Madrid-La Coruña, km. 12,700. Tel. 207 73 36. Mariscos y pescados.
Luarques: Ventura de la Vega, 16. Tel. 429 61 74. Magnífica relación precio-calidad.
Mayte Commodore: Plaza República Argentina, núm. 5. Tel. 261 86 06. Alta cocina vasca e internacional.
Mei-Ling: Paseo de la Castellana, 188. Tel. 457 67 17. Cocina china.
Mikado: Pintor Juan Gris, 4. Tel. 456 30 43. Cocina japonesa.
Ordago: Sancho Dávila, 15. Tel. 246 71 85. Cocina vasca familiar.
O'Pazo: Reina Mercedes, 20. Tel. 253 23 33. Mariscos y pescados.
Platerías: Plaza de Santa Ana, 11. Tel. 429 79 48. Cocina agradable.
Portonovo: Carretera Madrid-La Coruña, km. 10,500. Tel. 207 07 52. Mariscos y pescados.
Príncipe de Viana: Manuel de Falla, 5. Tel. 259 14 48. Gran cocina vasco-navarra.
Sacha: Juan Hurtado de Mendoza, 11. Tel. 457 59 52. Cocina gallega con especialidades.

Saint James: Juan Bravo, 26. Tel. 275 00 69. Arroces levantinos.
Sulu: P.º Castellana, 172. Tel. 259 10 40. Cocina filipina.
Tattaglia: P.º Habana, 17. Tel. 262 85 90. Cocina italiana.
Txistu: Plaza de Angel Carbajo, Tel. 270 96 51. Cocina típica vasca.
Viridiana: Fundadores, 23. Tel. 246 90 40. Cocina de innovaciones.
Zalacaín: Alvarez de Baena, 4. Tel. 261 48 40. Gran cocina vasca e internacional.

Próximos a Madrid

En Aranjuez: El Castillo. Jardines del Príncipe. Tel. 891 30 00.
Casa Pablo. Hermano Guardiola, 20. Tel. 891 14 51.
En Alcalá de Henares: Hostería del Estudiante. Colegios, 3. Tel. 888 03 30.
En Boadilla del Monte: La Cañada. Carretera Boadilla, km. 8. Tel. 655 12 83.
En Fuencarral: El Mesón. Carretera Colmenar Viejo, km. 13,5. Tel. 734 10 19.
En Chinchón: Cuevas del Vino. Benito Hortelano, 13. Tel. 894 02 06.
Mesón de la Virreina. Plaza de Chinchón.
En el Pardo: Pedro's. Avenida de la Guardia. Tel. 736 08 83.
En San Lorenzo de El Escorial: Fonda Genara. Plaza de San Lorenzo, 2. Tel. 896 02 91.
En Pozuelo: Bodega La Salud. Jesús Gil González. Tel. 715 33 90.
En Majadahonda: El Abolengo.

En Navacerrada: La Fonda Real. Carretera 601, km. 52. Tel. 856 03 05.
En Miraflores de la Sierra: Maíto. Calvo Sotelo, núm. 5. Tel. 624 35 67.

Hoteles

Ritz: Plaza de la Lealtad, 5. Tel. 221 28 57, 43986 ritze.
Palace: Plaza de las Cortes, 7. Tel. 429 75 51, 22272 ripal.
Villa Magna. Paseo de la Castellana, 22. Tel. 261 49 00, 22914 vima.
Alameda: Avenida Logroño, 100. Tel. 747 48 00, 43809 malae.
Barajas: Avenida Logroño, 305. Tel. 747 77 00, 22255 madas.

Eurobuilding: Padre Damián, 23. Tel. 457 17 00, 22548 eubil.
Luz Palacio: Paseo de la Castellana, 57. Tel. 442 51 00, 27207 luze.
Meliá Madrid: Princesa, 27. Tel. 241 82 00, 22537 metel.
Miguel Angel: Miguel Angel, 31. Tel. 442 81 99, 44235 homa.
Mindanao: San Francisco de Sales, 15. Tel. 449 55 00, 22631 minda.
Monte Real: Arroyo Fresno, 17. Tel. 216 21 40, 22089.
Princesa Plaza: Princesa, 40. Tel. 242 35 00, 44378 priz.
Wellington: Velázquez, 8. Tel. 275 44 00, 22700 velin.
Agumar: Paseo Reina Cristina, 7. Tel. 252 69 00, 22814.

Aitana: Paseo de la Castellana, 152. Tel. 250 71 07, 49186 hait.
Alcalá: Alcalá, 66. Tel. 435 10 60, 48094.
Carlton: Paseo de las Delicias, 26. Tel. 239 71 00.
Castellana: Paseo de la Castellana, 49. Tel. 410 02 00, 27686.
Chamartín: Estación de Chamartín. Tel. 733 62 20, 49201 hchme.
Colón: Doctor Esquerdo, 117-119. Tel. 273 08 00, 22984 colo.
Convención: O'Donnell, 53. Tel. 274 68 00, 23944.
Cuzco: Paseo de la Castellana, 133. Tel. 456 06 00, 22464 cuzco.
Emperador: Gran Vía, 53. Tel. 247 28 00, 27521.
Escultor: Miguel Angel, 3. Tel. 410 42 03, 44285 haese.
Eurobuilding: Juan Ramón Jiménez, 8. Tel. 457 17 00, 22548.
Florida Norte: Paseo de la Florida, 5. Tel. 241 61 90, 23675.
Los Galgos: Claudio Coello, 139. Tel. 262 42 27, 43957 galge.
El Gran Atlanta: Comandante Zorita, 34. Tel. 253 59 00.
Gran Hotel Velázquez: Velázquez, 62. Tel. 275 28 00, 22779.
Meliá Castilla: Capitán Haya, 43. Tel. 270 84 00, 23142.
Pintor: Goya, 79. Tel. 435 75 45, 23281 asses.
Plaza: Plaza de España. Tel. 247 12 00, 27383.
Suecia: Marqués de Casa Riera, 4. Tel. 231 69 00, 22313.
Avion: Avenida de Aragón, 345. Tel. 747 62 22.

Balboa: Núñez de Balboa, 112. Tel. 262 54 40.
Capitol: Gran Vía, 41. Tel. 221 83 91.
Centro Norte: Mauricio Ravel, 10. Tel. 733 34 00, 42598.
Claridge: Plaza Conde de Casal, 6. Tel. 251 94 00.
Conde Duque: Plaza Conde Valle de Suchil, 5. Tel. 447 70 00, 22058 duque.
Cortezo: Doctor Cortezo, 3. Tel. 239 38 00.
Eurotel Madrid: Galeón, 27. Tel. 747 13 55, 45688 ermae.
Gran Vía: Gran Vía, 25. Tel. 222 11 21, 44173.
Praga: Antonio López, 65. Tel. 469 06 00, 22823.
Príncipe Pío: Cuesta de San Vicente, 14. Tel. 247 80 00, 42183 gabeo.
Puerta de Toledo: Glorieta Puerta de Toledo, 2. Tel. 474 71 00, 22291 hpeto.
Rex: Gran Vía, 43 duplicado. Tel. 247 48 00.
San Antonio de la Florida: Paseo de la Florida, núm. 13. Tel. 247 14 00.
Tirol: Marqués de Urquijo, 4. Tel. 248 19 00.
Trafalgar: Trafalgar, 3. Tel. 445 62 00.
Victoria: Plaza del Angel, 7. Tel. 231 45 00.
Zurbano: Zurbano, 79-81. Tel. 441 55 00, 27578 otels.

Cafés

Comercial: Glorieta Bilbao, 7. Tel. 221 56 55.
Gijón: Paseo de Recoletos.
Lyon: Alcalá, 57. Tel. 275 00 51.
Manuela: San Vicente Ferrer, 29. Tel. 231 70 37.
Progreso: Cabeza, 5. Tel. 228 47 23.
Café de Ruiz: Ruiz, 14.
Tetería de la Abuela: Espíritu Santo, 19

Embajadas

Oficina de Información Diplomática.
Tel. 265 86 05.
R. F. Alemana: Fortuny, 8. Tel. 457 12 50.
R. D. Alemana: Prieto Ureña, 6. Tel. 250 66 01.
Arabia Saudita: Paseo de la Habana, 163.
Tel. 457 12 50.
Argelia: Zurbano, 100. Tel. 442 47 00.
Argentina: Paseo de la Castellana, 53.
Tel. 442 45 00.
Austria: Paseo de la Castellana, 180.
Tel. 250 92 00.
Bélgica: Paseo de la Castellana, 18.
Tel. 401 95 58.
Brasil: Fernando el Santo, 6. Tel. 419 12 00.
Canadá: Núñez de Balboa, 35. Tel. 431 43 00.
Colombia: Martínez Campos, 48.
Tel. 410 38 00.
Cuba: Paseo de la Habana, 194. Tel. 458 25 00.
Chile: Lagasca, 88. Tel. 431 91 60.
China: Arturo Soria, 111. Tel. 413 66 59.
Dinamarca: Claudio Coello, 91. Tel. 433 30 00.
Egipto: Velázquez, 69. Tel. 401 96 00.
Emiratos Arabes Unidos: Capitán Haya, 40.
Tel. 270 10 04.
Estados Unidos de Norteamérica: Serrano, 75.
Tel. 273 36 00.
Filipinas: Zurbano, 36. Tel. 419 59 58.
Finlandia: Fortuny, 18. Tel. 419 22 62.
Francia: Salustiano Olózaga, 8. Tel. 433 55 60.
Gran Bretaña: Fernando el Santo, 16.
Tel. 419 02 08.
Grecia: Serrano, 110. Tel. 411 33 45.
Holanda: Paseo de la Castellana, 64.
Tel. 458 21 00.
India: Velázquez, 93. Tel. 413 61 61.
Irak: Paseo de la Castellana, 83. Tel. 455 55 28.
Irán: Jerez, 5. Tel. 457 01 12.
Irlanda: Hermanos Bécquer, 10. Tel. 413 56 12.
Italia: Lagasca, 98. Tel. 402 54 36.
Japón: Joaquín Costa, 29. Tel. 262 55 46.
Jordania: General Martínez Campos, 41.
Tel. 419 11 00.
Kuwait: Paseo de la Castellana, 178.
Tel. 458 87 18.
Líbano: José Abascal, 47. Tel. 442 27 00.
Libia: Pisuerga, 12. Tel. 458 04 58.
Marruecos: Serrano, 179. Tel. 548 80 18.
Mauritania: Velázquez, 90. Tel. 275 07 07.
México: Paseo de la Castellana, 93.
Tel. 456 12 63.
Noruega: Juan Bravo, 3. Tel. 401 62 62.
Países Bajos: Paseo de la Castellana, 178.
Tel. 458 21 00.
Panamá: Ortega y Gasset, 29. Tel. 401 84 00.
Paraguay: Castelló, 30. Tel. 435 88 58.
Perú: Príncipe de Vergara, 36. Tel. 431 42 42.
Portugal: Pinal, 1. Tel. 261 78 00.
República Dominicana: Paseo de la Castellana, núm. 30. Tel. 431 53 21.
Sudáfrica: Claudio Coello, 91. Tel. 225 38 30.
Suecia: Zurbano, 27. Tel. 419 75 50.
Suiza: Núñez de Balboa, 35. Tel. 431 34 00.
Thailandia: Segre, 29. Tel. 250 38 72.
Túnez: Plaza Alonso Martínez, 3.
Tel. 447 35 08.
Unión Soviética: Maestro Ripoll, 14.
Tel. 411 07 06.
Uruguay: Rosales, 32. Tel. 248 69 99.
Venezuela: Capitán Haya, 1. Tel. 455 84 53.

Discotecas

Bocaccio: M. Ensenada, 16. Tel. 419 10 08.
Green: Juan Bravo, 3. Tel. 276 77 69.
Joy Eslava: Arenal, 9. Tel. 266 54 39.
Long Play: Plaza Vázquez de Mella, 2.
Tel. 231 01 11.
Mau-Mau: Juan Ramón Jiménez, 8.
Tel. 250 27 57.
¡Oh!: Carretera de La Coruña, km. 6.
Pachá: Barceló, 11. Tel. 446 01 37.
Piña's: Alberto Alcocer, 33. Tel. 250 60 68.
Retro: Conde de Peñalver, 8. Tel. 435 67 38.
Rock-Ola: Padre Xifré, 5. Tel. 413 78 39.
Siddharta: Serrano, 45. Tel. 275 56 47.
Tartufo: Víctor Hugo, 5. Tel. 232 31 48.

Atracciones

Windsor: Raimundo Fernández Villaverde, 65.
Tel. 455 58 14.
Cleofás: Goya, 7. Tel. 276 45 23.
Pasapoga: Gran Vía, 37. Tel. 232 16 44.
La Trompeta: Gran Vía, 54. Tel. 247 11 30.
Caribiana: Paseo de la Castellana, 83.
Tel. 455 77 69.
Xenon: Bajos Cine Callao. Tel. 231 97 94.
Molino Rojo: Tribulete, 16. Tel. 230 87 34.
Sambrasil: Avenida del Brasil, 5. Tel. 456 37 82.

Tablaos flamencos

Los Canasteros: Barbieri, 10. Tel. 231 81 63.
Corral de la Morería: Morería, 17.
Tel. 265 84 46.
Corral de la Pacheca: Juan Ramón Jiménez, 26.
Tel. 458 26 72.
Café de Chinitas: Torrija, 7. Tel. 248 51 35.
Torres Bermejas: Mesonero Romanos, 11.
Tel. 232 33 22.
Venta del Gato. Carretera Madrid-Burgos,
km. 7,7. Tel. 202 43 27.
Arco de Cuchilleros: Arco de Cuchilleros, 7.
Tel. 266 58 67.

Medios de comunicación

ABC: Serrano, 61. Tel. 435 31 00.
Diario-16: San Romualdo, 26. Tel. 754 40 66.
El País: Miguel Yuste, 40. Tel. 754 38 00.
Ya: Mateo Inurria, 15. Tel. 259 28 00.
Televisión Española: Prado del Rey.
Tel. 711 04 00.
Radio Nacional de España: Prado del Rey.
Tel. 218 32 40.
S.E.R.: Gran Vía, 32. Tel. 232 28 00.
Radio Intercontinental: Modesto Lafuente.
Tel. 254 46 03.
Radio España: Manuel Silvela, 9.
Tel. 447 53 00.
Radio El País: Miguel Yuste, 40.
Tel. 754 40 57.
Radio Minuto: Gran Vía, 31. Tel. 222 91 57.
COPE: Juan Bravo, 49, dpldo. Tel. 402 86 14.
Antena-3: Oquendo, 23. Tel. 411 70 11.
Radiocadena: Ayala, 17. Tel. 276 56 34.
Radio-80: Enrique Larreta, 5. Tel. 733 80 80.

Tiendas/Grandes almacenes

G. A. El Corte Inglés: Preciados, 7.
Tel. 232 18 00.
G. A. Galerías Preciados: Plaza Callao, 1.
Tel. 222 47 71.
G. A. Celso García: Serrano, 52.
Tel. 275 42 05.

Cortefiel: Serrano, 40. Tel. 431 33 42
Loewe: Serrano, 26. Tel. 401 29 08.
Jesús del Pozo: Almirante, 28. Tel. 231 66 76.
Luis Gómez: O'Donnell, 49. Tel. 274 28 41.
Don Carlos: Serrano, 92. Tel. 275 75 07.
Fancy Men: Serrano, 93. Tel. 262 18 67.
Givenchi: Concha Espina, 5. Tel. 250 24 78.
Gucci: Don Ramón de la Cruz, 2.
Tel. 431 17 17.
Lorca: Velázquez, 43. Tel. 431 99 42.
Robert Max: Milaneses, 3. Tel. 242 35 88.
Cacharel: Serrano, 88. Tel. 435 32 26.
Hermes: Ortega y Gasset, 26. Tel. 276 89 95.
Saint Laurent: Serrano, 100. Tel. 276 82 03.
Tres Zetas: Ortega y Gasset, 17. Tel. 431 11 43.
Artespaña: Gran Vía, 32.
Sargadelos: Zurbano, 46. Tel. 410 48 30.

Bancos

España: Alcalá, 50. Tel. 446 90 55.
Central: Alcalá, 49. Tel. 232 88 10.
Bilbao: Paseo de la Castellana, 81.
Tel. 455 21 40.
Hispanoamericano: Plaza Canalejas, 1.
Tel. 222 46 60.
Español de Crédito: Paseo de la Castellana, 7.
Tel. 419 17 08.
Vizcaya: Alcalá, 45. Tel. 221 11 77.
Exterior de España: Carrera de San Jerónimo, núm. 36. Tel. 429 44 77.
Popular: Alcalá, 26. Tel. 232 09 06.

Mercados tradicionales

El Rastro, comercio de toda clase de objetos: Plaza de Cascorro, Ribera de Curtidores; domingos.
Feria de artesanos: Plaza de San Ildefonso, sábados por la tarde.
Cuesta de Moyano: Libros antiguos y de ocasión, entre el Retiro y Glorieta Carlos V; diario.
Grabadores. Feria. Plaza Mayor; sábados por la mañana.
Mercadillo filatélico: Plaza Mayor, domingos por la mañana.

Salas de Arte

Abril: Arenal, 18. Tel. 221 14 37.
Aldaba: Rollo, 7. Tel. 247 51 86.
Berkowitsch. Velázquez, 1. Tel. 275 64 31.
Biosca: Génova, 11. Tel. 419 33 93.

Cano: Paseo Prado, 26. Tel. 228 77 52.
Cavar. Almagro, 32. Tel. 410 45 77.
Celini: Bárbara de Braganza. Tel. 419 41 77.
El Coleccionista: Claudio Coello, 23.
Tel. 429 87 03.
Fauna's: Montalbán, 11. Tel. 222 60 02.
Fernando Vijandre: Núñez de Balboa, 65.
Tel. 435 80 25.
Fundación Juan March: Castelló, 77.
Tel. 435 42 40.
Juana Mordó: Villanueva, 7. Tel. 431 42 64.
Kreisler: Serrano, 19. Tel. 276 16 64.
Kreisler, 2. Hermosilla, 8. Tel. 431 42 64.
La Pinacoteca: Claudio Coello, 28.
Tel. 276 57 92.
Macarrón: Jovellanos, 2. Tel. 429 68 01.
Miguel Angel: Miguel Angel, 31.
Tel. 442 00 22.

Orfila: Orfila, 3. Tel. 419 88 64.
Rayuela: Claudio Coello, 19. Tel. 275 31 46.
Sargadelos: Zurbano, 46. Tel. 410 48 30.
Toisón: Arenal, 5. Tel. 232 16 16.
Tórculo: Claudio Coello, 17. Tel. 275 06 86.

Agencias-Delegaciones de Turismo

Alemania: San Agustín, 2. Tel. 429 35 51.
Austria: Torre de Madrid, planta 11.
Tel. 247 89 24.
Bélgica: Navas de Tolosa, 3. Tel. 221 26 81.
Bulgaria: Princesa, 12. Tel. 248 47 52.
Egipto: Alcalá, 21. Tel. 222 60 51.
Francia: Alcalá, 63. Tel. 276 31 44.
Holanda: Apartado de Correos, 8101.
Tel. 241 28 85.
India: Torre de Madrid. Tel. 241 44 68.
Inglaterra: Torre de Madrid, planta 6.ª
Tel. 241 13 96.
Italia: Alcalá, 63. Tel. 276 80 08.
México: Velázquez, 126. Tel. 261 18 27.
Panamá: Edificio España. Tel. 248 96 49.
Polonia: Torre de Madrid, Agencia Orbis.
Tel. 248 53 65.
Rumania: Alfonso XII, 157. Tel. 458 78 95.
Sudáfrica. Tel. 247 65 79.
Suiza: Edificio España, planta 1.ª
Tel. 247 03 36.
Túnez: Torre de Madrid. Tel. 248 18 43.

Aerotaxis

Aelyper, S. A.: Aeropuerto Cuatro Vientos,
Ap. 27045. Tel. 208 99 40.
Helicópteros, S. A.: Aeropuerto Cuatro Vientos.
Tel. 208 81 40.
Jet-Alpa, S. A.; Aeropuerto de Barajas: Serrano,
41-2.º Tel. 255 76 05.
Navegación y Servicios Aéreos, S. A.
Tel. 234 79 54.

Estaciones ferrocarril

Renfe: Alcalá, 44. Información. Tel. 733 22 00.
Atocha: Glorieta Emperador Carlos V.
Tel. 733 30 00.
Chamartín: final de Agustín de Foxá. Tel. 733 30 00.
Estación del Norte: Paseo de la Florida.
Tel. 247 00 00.
Nuevos Ministerios, enlaces: Paseo de la
Castellana. Tel. 233 78 92.

Cámaras de Comercio

Alemania: Barquillo, 17. Tel. 222 10 40.
Austria: Orense, 11. Tel. 233 58 07.
Bélgica-Luxemburgo: Rodríguez San Pedro, 13. Tel. 446 81 35.
Consejo Superior Cámaras Oficiales: Claudio Coello, 19. Tel. 275 34 00.
Gran Bretaña: Marqués de Valdeiglesias, 3. Tel. 212 96 22.
Estados Unidos: Padre Damián, 23. Tel. 458 65 59.
Polonia: Serrano, 3. Tel. 431 90 93.
Francia: Serrano, 3. Tel. 225 93 20.
Holanda: Zurbarán, 10. Tel. 419 14 75.
Hungría: Doctor Fleming, 55. Tel. 259 25 61.
Italia: Factor 1. Tel. 234 25 09.
Madrid. Plaza Independencia, 1. Tel. 232 10 11.
México. San Agustín, 2. Tel. 232 50 78.
Países Bajos: Zurbarán, 10. Tel. 419 14 75.
Suecia: Marqués de Casa Riera, 4. Tel. 221 82 50.
Venezuela: Paseo Habana, 17. Tel. 262 62 37.
Yugoslavia: Paseo Castellana, 177. Tel. 270 44 75.

Servicios permanentes de grúa

Anda: Juan de Olías, 15. Tel. 216 54 27.
Autos Unidos: Ayala, 10. Tel. 225 67 91.
Cuadrado: Sambara, 136. Tel. 267 01 28.
De Juan: Zamora, 7. Tel. 459 20 32.
Europarke: Olite, 38. Tel. 233 74 74.
Nieto: Dolores Folgueras, 20. Tel. 203 41 39.
Pardal. Bocángel, 30. Tel. 246 76 05.
Sánchez: San Raimundo, 6. Tel. 459 72 28.
Zaragoza: Titania, 34. Tel. 200 19 38.

Ferrocarriles extranjeros

Federales Alemanes: Paseo de la Castellana, 1. Tel. 419 23 12.
Federales Suizos: Gran Vía, 88. Tel. 247 06 36.
Franceses. Gran Vía, 57. Tel. 247 20 20.

Líneas marítimas

Aucona: Alcalá, 63 y P. Muñoz Seca, 2. Tel. 225 51 10.
Aznar: Alcalá, 61. Tel. 276 28 00.
Canguro Lines, Ybarra: Gran Vía, 8. Tel. 222 91 70.
Cía. Gral. Trasatlántica: Viajes Conde. Gran Vía, 60. Tel. 247 18 04.
Cía. Nac. Argelina de Navegación: C. Bordiú, 19-21. Tel. 234 11 05.
Cía. Trasmediterránea: Zurbano, 73. Tel. 254 66 00.
Cunard Line: Viajes Marsans. C. S. Jerónimo, número 34. Tel. 231 18 00.
Italian Line: Viajes Avversari. Alcalá, 54. Tel. 222 82 23.
Líneas Marítimas Alemanas: Viajes Norda. C. S. Jerónimo, 27. Tel. 232 24 00.
Svenska Lloyd: Viajes Conde. Rafael Salgado, 3. Tel. 250 29 42.
Swedish Lloyd: Alberto Jentoft. R. Salgado, 3. Tel. 250 29 42.
Trasatlántica: Paseo Recoletos, 4. Tel. 275 98 00.
Ybarra y Cía.: Bergé y Cía., Gran Vía, 8. Tel. 222 91 70.

Dulcerías

El Buen Retiro: Goya, 17. Tel. 435 72 82.
Caramelos Paco: Toledo, 55. Tel. 265 42 58.
La Casa de las Tartas: Alonso Heredia, 4. Tel. 246 11 86.
Crissanterie: San Millán, 2. Tel. 265 08 49.
Formentor: General Díez Porlier, 7. Tel. 431 97 27.
La Flor de Lys: Puerta del Sol, 11. Tel. 222 54 02.
Habana: Cea Bermúdez, 57. Tel. 244 36 98.
Heladería Italiana Capri: Alb. Aguilera, 50. Tel. 242 59 20.
Chocolates el Indio: Luna, 14. Tel. 221 41 99.
Jarabes Madrueño: Postigo S. Martín, 3. Tel. 221 19 55.
Juncal: Recoletos, 15. Tel. 431 03 14.
Casa Mira, Turrones: Carrera San Jerónimo, 30. Tel. 429 67 96.
Mónico: Gutiérrez Solana, 8. Tel. 261 78 88.
Neguri: Claudio Coello, 68. Tel. 275 58 75.
La Pajarita: Puerta del Sol, 6. Tel. 221 49 14.
Pastelería El Pozo: Pozo, 8. Tel. 222 38 94.
El Riojano: Mayor, 10. Tel. 266 44 82.
Rivas: Barquillo, 11. Tel. 221 04 69.
Samovar: Diego de León, 15. Tel. 251 73 70.
Bombonería Santa: Serrano, 56. Tel. 276 86 46.
La Violeta: Plaza Canalejas, 6. Tel. 222 55 22.

Centros comerciales

Continente: Crta. Burgos, km. 7. Tel. 653 14 11.
Jumbo: Avda. Pío XII, 2. Tel. 259 03 00.
Macro: Crta. Barcelona, km. 11,30. Tel. 747 47 11.
Madrid-2, «La Vaguada», Barrio del Pilar. Tel. 730 50 33.

Platos precocinados y preparados

Charlot: Claudio Coello, 87. Tel. 276 67 40.
L'Escargot: Capitán Haya, 20. Tel. 455 18 13.
Habana: Cea Bermúdez, 57. Tel. 449 30 87.
Mallorca: Bravo Murillo, 7. Tel. 448 97 49.
Velázquez, 59. Tel. 431 99 09.
Comandante Zorita, 39. Tel. 253 51 02.
Multicentro Orense, 6. Tel. 456 27 42.
Serrano, 88. Tel. 276 75 74.
Alberto Alcocer, 48. Tel. 458 75 11.
Rodilla: Princesa, 76. Tel. 244 32 27.
Viena: Marqués de Urquijo, 17. Tel. 248 51 90.
Viena Capellanes: Fuencarral, 122. Tel. 446 17 83.

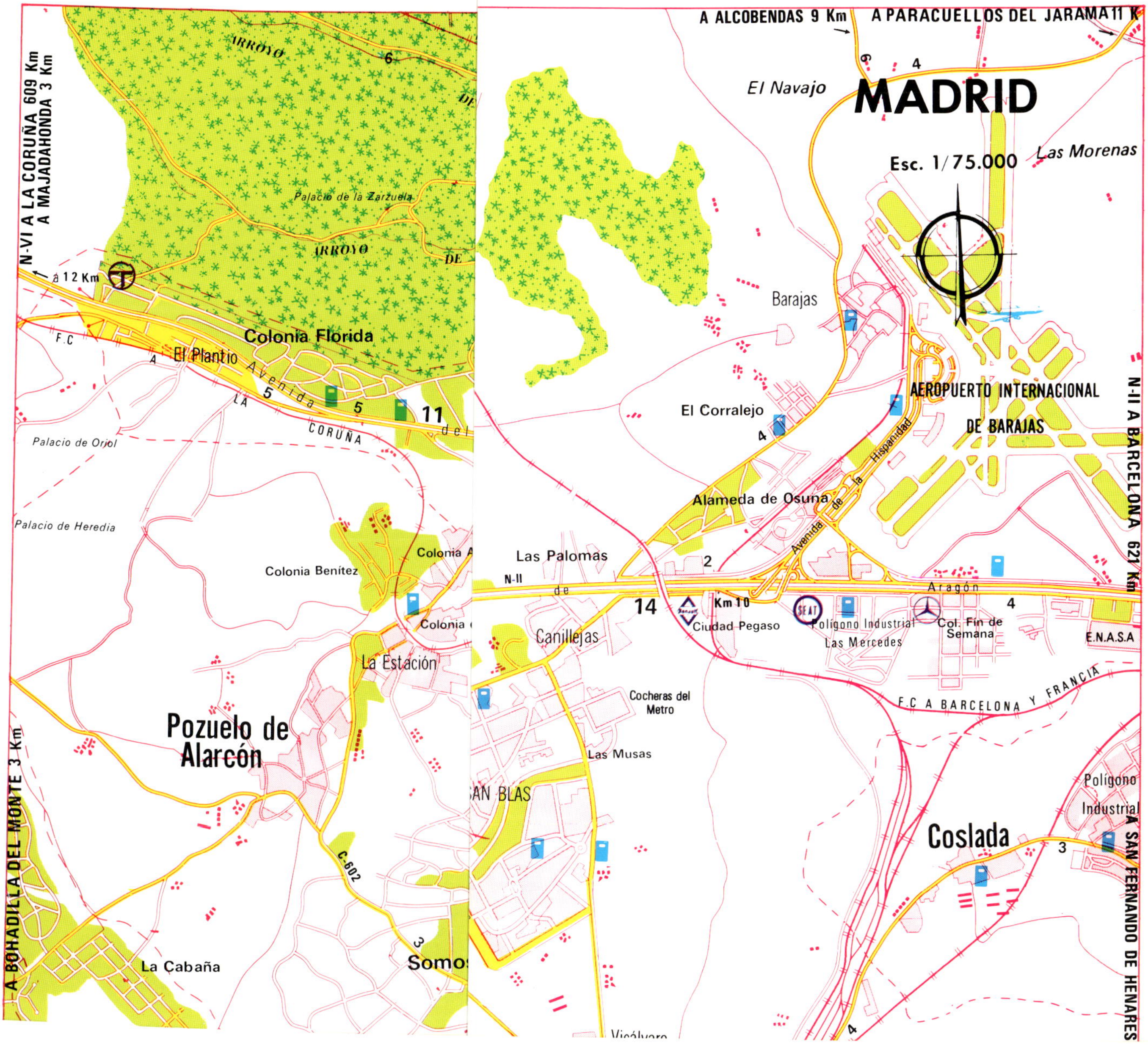

N-VI A LA CORUÑA 609 Km
A MAJADAHONDA 3 Km
à 12 Km
ARROYO
Palacio de la Zarzuela
ARROYO
DE
Colonia Florida
El Plantio
Avenida
LA
CORUÑA
del
F.C
Palacio de Oriol
Palacio de Heredia
Colonia Benítez
Colonia
La Estación
Pozuelo de Alarcón
C-602
La Cabaña
Somos
A BOHADILLA DEL MONTE 3 Km
A ALCOBENDAS 9 Km
A PARACUELLOS DEL JARAMA 11 K
El Navajo
MADRID
Esc. 1/75.000
Las Morenas
Barajas
El Corralejo
AEROPUERTO INTERNACIONAL DE BARAJAS
Avenida de la Hispanidad
Alameda de Osuna
Las Palomas
N-II
de
Aragón
N-II A BARCELONA 621 Km
Km 10
Ciudad Pegaso
Polígono Industrial Las Mercedes
Col. Fin de Semana
E.N.A.S.A
Canillejas
Cocheras del Metro
Las Musas
F.C A BARCELONA Y FRANCIA
SAN BLAS
Coslada
Polígono Industrial
A SAN FERNANDO DE HENARES
Vicálvaro